KB015468

스포츠 에이전트,
천사인가 악마인가?

스포츠 에이전트, 천사인가 악마인가?
ⓒ 박성배, 2017

초판 1쇄 2017년 2월 28일 펴냄
초판 4쇄 2023년 5월 2일 펴냄

지은이 | 박성배
펴낸이 | 강준우
기획 | 한국프로스포츠협회
편집 | 박상문, 김슬기
디자인 | 최진영,
마케팅 | 이태준
인쇄 · 제본 | 제일프린테크

펴낸곳 | 인물과사상사
출판등록 | 제17-204호 1998년 3월 11일

주소 | (04037) 서울시 마포구 양화로7길 6-16 서교제일빌딩 3층
전화 | 02-325-6364
팩스 | 02-474-1413

www.inmul.co.kr | insa@inmul.co.kr

ISBN 978-89-5906-430-4 03690

값 14,000원

이 저작물의 내용을 쓰고자 할 때는 저작자와 인물과사상사의 허락을 받아야 합니다.
파손된 책은 바꾸어 드립니다.

이 도서의 국립중앙도서관 출판시도서목록CIP은 서지정보유통지원시스템 홈페이지
http://seoji.nl.go.kr와 국가자료공동목록시스템http://www.nl.go.kr/kolisnet에서
이용하실 수 있습니다. (CIP제어번호: CIP2017003505)

에이전트 제도의 오해와 진실

스포츠 에이전트, 천사인가 악마인가?

박성배 지음

들어가는 말

1990년대 중반에 개봉한 〈제리 맥과이어〉라는 영화를 기억하는가? 이 영화를 보고 수많은 청춘이 '스포츠 에이전트'라는 직업에 관심을 갖게 되었다. 당시만 해도 북미나 유럽에 비해 한국의 스포츠 산업은 규모나 질적 수준이 그리 높지 않았다. 스포츠 에이전트라는 직업 역시 생소하게 느껴질 수밖에 없었다. 하지만 1990년대 한국 프로 야구와 농구대잔치 등의 인기가 높아지면서 우리나라에도 머지 않아 '스포츠 에이전트'라는 직업이 생길 것이라는 기대감이 싹텄다. 스포츠 에이전트라는 새로운 분야에 대한 관심과 기대는 1990년대 중반부터 박찬호 선수를 기수로 조진호, 김병현, 김선우, 서재응 등이 메이저리그MLB에 진출하면서 한국 야구 시장의 세계화가 본격적으로 시작되며 더욱 높아졌다.

1990년대 중·후반 LA 다저스에서 활약하던 박찬호 선수의 등판 경기를 보기 위해 수많은 야구 팬은 한국 시각으로 대부분 오전 시간대에도 회사 휴게실이나 카페에 모여 박찬호 선수를 응원하곤 했다.

MLB에 대한 관심과 인기가 높아지면서 우리나라 팬의 수준 또한 높아졌다. 동시에 일부 프로 야구 선수는 MLB나 일본의 NPB에 진출하는 것이 더는 꿈이 아닌 현실이 될 수 있다는 자신감을 얻었다. 해외에 진출하는 선수들은 언어 장벽뿐만 아니라 리그 규정이 우리나라와 확연히 달랐기 때문에 계약 과정 전반에 걸쳐 자연스럽게 해외 스포츠 에이전트의 도움을 받았다. 이것이 바로 한국이 에이전트 제도에 본격적인 관심을 갖게 된 계기다.

2000년대에 들어서자마자 한국 프로 야구 선수들은 그동안 공개석상에서 얘기하지 못해 간과되어온 선수의 기본적인 권익을 논의하기 시작했다. 가장 먼저 선수협의회 창립을 시도했다. 그리고 프로 야구 선수들의 권익을 제도적으로 보호하기 위해 선수노조의 설립을 공론화했다. 이렇게 할 수 있었던 배경에는 첫째, 일부 선수의 연봉이 급격하게 상승해 선수의 협상력이 강화되었고, 둘째, 선수의 입장을 이해하고 지지하는 팬이 증가했으며, 셋째, 선진 리그 시스템에 대한 이해도가 높아져 있었다. 결국 여러 가지 난관을 겪으면서 한국프로야구선수협회가 만들어졌다. 그러나 아직까지 미국의 선수협회와 같은 노동조합의 지위를 얻지 못했기 때문에 선수협회의 영향력은 미국에 비해 상당히 제한적이다.

한편 프로 축구, 프로 농구, 프로 배구에서 외국인 선수 제도(일명 '용병제도'라고 불리는 외국 국적 선수의 쿼터제)를 도입하면서 한국 프로 스포츠 리그는 중흥기를 맞이했다. 한국에서 활약하는 대부분의 외국인 선수는 에이전트를 통해 한국 리그와 인연을 맺게 된다. 그들은 한국어를 구사할 수 없다는 이유로 에이전트의 고용을 허가하도록 규정하고 있어서 내국인 선수와 형평성에 어긋난다는 비판을 받아오고 있다.

그동안 한국 스포츠 산업의 발전 수준은 외형적으로 다른 선진국과 비교해도 전혀 뒤질 것이 없었다. 1986년 아시안 게임을 시작으로 1988년 서울 하계 올림픽과 2002년 FIFA 한일 월드컵 대회, 2010~2013년 영암 F1 자동차 경주 대회, 2011년 대구 세계 육상 선수권 대회, 2017년 U-20 FIFA 월드컵, 2018년 평창 동계 올림픽까지 한국은 이미 국제 대회 유치 측면에서는 선진국과 어깨를 나란히 할 정도로 괄목할 만한 성과를 거뒀다. 현재 한국의 스포츠 산업은 전 세계 축구를 대표하는 잉글랜드 프리미어 리그의 본고장인 영국(37조 원)보다 규모가 큰 약 40조 원에 이른다.[1] 스포츠 산업을 경기장 시설물로 비유하자면 외형적 성장을 나타내는 대형 구조물은 어느 정도 갖춰진 셈이다. 이제는 스포츠 산업의 외형적 성장과 함께 어떻게 하면 내적인 성숙을 동시에 이룰 수 있을지에 대한 고민이 남아 있다. 그동안 쉽게 밖으로 꺼내놓고 말하기 껄끄러웠던 '스포츠 에이전트 제도의 도입'에 대해 과감히 논의하고 이 제도에 대한 이해관계자 간의 오해를 풀 필요가 있다.

이 책에는 스포츠 에이전트 산업의 전반적인 현황뿐만 아니라 선수, 협회, 리그 관계자의 의견을 취합·정리해 과연 그들이 에이전트 제도에 어떤 태도를 갖고 있는지, 왜 그렇게 생각하는지, 앞으로 이 제도를 성공적으로 도입하고 정착시키기 위해서는 어떤 방안을 강구해야 하는지에 대한 논의를 담았다.

　지난 수개월 동안 다양한 문헌 연구와 현장 인터뷰, 설문조사를 통해 조사한 내용을 정리한 이 책은 총 13장으로 이루어져 있다. 1장에서는 에이전트 제도의 필요성을 논의했고, 2장에서는 스포츠 에이전트 산업의 역사와 발전 과정, 에이전트의 임무와 역할에 대해 설명했다. 3장에서는 우리에게 잘 알려진 세계 톱 에이전트를 소개하고, 그들의 수입 규모가 얼마인지를 살펴보았다. 4장에서는 프로 스포츠 리그 전체 연봉을 추정해 스포츠 에이전트가 활동할 수 있는 국내 시장 규모를 리그마다 구분해 정리했다. 이어서는 에이전트의 잠재 고객 시장을 종목별로 나누어서 설명했는데, 5장에서는 4대 프로 스포츠 시장(프로 야구, 프로 축구, 프로 농구, 프로 배구)을, 6장에서는 올림픽과 격투기 종목을, 7장에서는 프로 골프 선수 시장을 중심으로 다뤘다. 8장에서는 국내에서 활동 중인 스포츠 에이전트와 에이전시 시장(프로 축구, 프로 골프, 외국인 선수) 현황을 정리했다. 9장에서는 문헌 연구와 사례 연구를 통해 미국과 일본의 스포츠 에이전트 시장에 대한 일반적인 현황을 분석하고 자격 조건에 대해 설명했다. 10장과 11장에서는 국내와 해외 시장에서 선수와 에이전트 간에 벌어졌던 다양한 법적 공방 사례를 소개해 무자격·악덕 에이전트에 대한 경각심을 갖도록 했다. 12에서는 에이전트 제도에 대한 6가지 궁금증에 대한 답을 제시했다. 13장에서는 스포츠 에이전트 제도에 대한 오해를 풀고 에이전트 제도의 성공적인 도입을 위해서 어떻게 해야 하는지에 대한 제언을 담았다.

이번 연구에 많은 조언과 도움을 주신 프로 스포츠 구단과 협회 관계자, 에이전트, 경기와 훈련으로 바쁘고 지친 와중에도 인터뷰와 설문에 기꺼이 응해주신 감독과 선수들, 학부모 여러분께 진심으로 감사의 말을 전한다. 또한 이 책이 출간될 수 있도록 물심양면으로 도움을 주신 인물과사상의 강준우 대표님과 박효주 편집자님께 심심한 감사의 말씀을 드린다.

2017년 2월
박성배

contents

2 chapter 스포츠 에이전트 시장의 현실

contents

3

chapter **국내외 스포츠 에이전트 제도**

4 chapter 스포츠 에이전트에 대한 오해와 진실

chapter **1**

스포츠 에이전트,
꼭 필요한가?

1

스포츠 에이전트 제도의 도입,
지금도 늦었다

우리에게 '스포츠 에이전트'라는 용어는 그리 낯설지 않다. 이미 1990년대 중반에 스포츠 영화로 선풍을 일으킨 〈제리 맥과이어〉를 통해 스포츠 에이전트라는 직업이 많이 알려졌다. 2014년에 개봉된 케빈 코스트너 주연의 〈드래프트 데이〉를 통해 스포츠 에이전트의 삶을 간접적으로나마 엿볼 수 있었다.

해외에서 좋은 활약을 펼치고 있는 여러 한국인 스포츠 스타 역시 해외 무대로 진출하도록 도와준 스포츠 에이전트가 없었다면 해외 진출 기회를 쉽게 얻지 못했을 것이다. 그렇다면 과연 스포츠 에이전트는 누구며, 어떤 역할을 하는 것일까?

스포츠 에이전트란 '선수 등 스포츠와 관련된 개인, 경기 단체, 지방자치 단체, 기업 등의 고객(이하 '고객'이라 한다)에게 스포츠 에이전트 업무에 관한 권한을 부여받아 고객의 이익을 위해 그 업무를 행하고 보수를 지급받는 자'라고 정의한다.[2] 보통 그들을 고용한 선수와 고객을 대신해 구단과의 계약을 체결하는 등 일반적 교섭권 또는 대리권을 위임받은 자 모두를 포괄적으로 의미한다고 볼 수 있다. 따라서 스포츠 에이전트는 구단 입단과 연봉 계약, 스폰서 계약 등 선수의 이익을 확보하기 위한 대리인 역할을 비롯해 선수의 이미지와 수입 관리, 법률과 세무 자문, 스케줄 관리 등을 담당한다.

스포츠 선수의 신체는 그 자체가 상품으로 인식되고 있다. 고도로 훈련된 기량인 기술을 더해 신체적 활동 가치를 발전시킴으로써 선수의 가치를 여러 각도에서 높인다. 선수가 기본적으로 보유한 능력과 시장 상황을 분석하고 다양한 협상 기법을 통해 선수의 경제적 가치를 제고하는 것이 스포츠 에이전트의 역할이다.[3] 하지만 일부 종목을 제외한 대부분의 프로 스포츠 선수는 에이전트 제도의 혜택을 누릴 수 없는 안타까운 상황이다. 직장인 김현수와 오승환의 사례를 들어보자.

김현수는 A대학교를 졸업하고 서울에 본사를 둔 D회사에 입사했다. 요즘 같이 취직이 하늘의 별 따기처럼 어려운 시절에 용케도 취업에 성공한 김현수는 가족과 친지의 축복과 환영 속에서 직장인으로서의 새 인생을 설계했다. 김현수는 어릴 적부터 일명 '엄친아'로 불리며 대학을 졸업할 때까지 정말 모범생으로 살아왔다. 그 결과, 대학 졸업식에서 우등 졸업상을 받는 등 말 그대로 탄탄대로를 걸었다. 고향이 지방이었던 김현수는 회사 근처에 집을 구하기 위해 이리저리 알아보았다. 그는 공부는 잘했지만 사회 경험이 다소 부족했다. 특히 대학 재학 동안 학교 기숙사 외에는 거주 경험이 전혀 없던 그는 자취방을 구하는 일이 취업보다 어렵게 느껴졌다. 주변 사람들에게 이런저런 조언을 얻은 끝에 회사 근처에 있는 부동산을 찾아 열심히 돌아다니기 시작했다. 하지만 자신이 생각했던 동네에 예산에 딱 맞는 자취방을 찾지 못했다. 결국 부동산마다 매물이 나오면 꼭 좀 연락해달라고 부탁하고 돌아섰다. 부동산을 나서면서 그는 '집을 구하는 일이 정말 사람을 지치게 만드는구나. 만약 부동산 중개업자의 도움을 받을 수 없었다면 얼마나 더 힘들었을까?' 하는 생각에 안도의 한숨을 쉬었다.

오승환은 아주 잘 나가는 S 증권회사의 펀드 매니저다. 대학교 4학년 때 S 증권회사가 개최한 대학생 모의 투자 대회에서 초기 투자금의 3,000퍼센트에 해당하는 수익을 올려 이 회사에 특채로 들어올 정도로 특출한 실력을 인정받았다. 하지만 매주 100시간이 넘게 일한 나머지 가족과 함께 시간을 보낼 수 없어서 매우 안타까웠다. 오랜만에 친구들을 만나 저녁 식사를 하면서 그는 고민을 털어놓았다. 모임에 참석한 친구 중에 10년 동안 여행사를 운영하는 친구가 있었는데 그는 바쁜 스케줄로 옴짝달싹할 수 없는 오승환을 대신해 가족 여행 계획을 세워주기로 했다. 친구의 도움으로 오승환은 본연의 업무에 더욱 집중할 수 있게 되었고, 그의 가족 역시 길지는 않지만 함께 시간을 보낼 수 있어서 기뻐했다.

직장인 김현수와 오승환의 사례를 스포츠 에이전트와 연계해서 생각해보자. 위 사례에 나온 김현수가 우리가 알고 있는 볼티모어 오리올스의 김현수 선수라고 해보자. 김현수 선수는 프로구단에 입단할 때까지 야구에 많은 시간을 투자하고 노력을 아끼지 않았을 것이다. 야구에 관해서는 누구보다 자신감이 넘쳤을 것이다. 하지만 프로로 진출해 막상 구단과 계약할 때 그는 적지 않은 난관에 부딪쳤을 가능성이 높다. 표준 계약서부터 MLB에서 정한 각종 규제까지 모든 것이 낯설게 느껴졌을 것이다. 이렇게 경기 외적인 것에 대해 불안감을 떨쳐버리게 도와줄 수 있는 누군가가 필요했을 것이다. 볼티모어 오리올스에 소속된 김현수 선수는 현재 에이전트의 전적인 도움을 받아 야구에 전념하고 있다. 하지만 한국 프로 야구에서 활약했던 두산 베어스 김현수 선수는 규정 제42로 인해 에이전트의 도움을 전혀 받을 수가 없었다.

펀드 매니저인 오승환이 국내 삼성 라이온즈 야구 선수였다면 상황이 어떻게 달라졌을까? 펀드 매니저로서 시간이 절대적으로 부족한 그가 가장 절실하게 필요했던 여행사의 도움을 받는 과정에서 누구도 방해하지 않고 어떠한 장애물도 없었다. 하지만 프로 야구 선수로서 훈련에만 집중해야 할 오승환 선수에게 계약뿐만 아니라 여러 가지 크고 작은 일을 대신할 수 있는 그 누군가(일명 '스포츠 에이전트')를 고용하는 것은 불가능하다. 2016년 2월 17일 정부는 '스포츠 산업 활성화 대책'의 일환으로 스포츠 에이전트를 키워 스포츠 산업을 더욱 활성화시키기로 했다. 한국의 스포츠 에이전트 제도가 성공적이고 안정적으로 시행되기 위해서는 에이전트 제도가 가장 활성화된 선진 시장을 살펴보고 그들이 과거에 겪었던 여러 가지 시행착오를 사전에 인지해 잠재적 걸림돌이 될 수 있는 문제점을 하나씩 제거하면서 제도를 활성화시키는 것이 중요하다.

불편한 에이전트 제도

스포츠 에이전트 제도를 도입하면 다양한 혜택을 얻을 수 있는데도 리그와 구단 관계자는 대체로 이 제도에 반대하는 입장을 견지했다. 그 이유는 첫째, 지난 35년간 큰 무리 없이 리그와 구단을 운영해온 탓에 불평등한 구단-선수의 관계로 그동안 간과되었던 선수의 기본적인 권익을 심각하게 인지하지 못했기 때문이다.

둘째, 에이전트 제도로 인해 구단의 연봉 지출이 늘어날 것을 우려하기 때문이다. 구단 입장에서 보면 이 제도의 도입으로 선수와의 관계가 더욱 악화될 수 있다는 부담감을 갖고 있다. 미국에서는 에이전트 제도가 활성화되면서 구단이 선수들에게 지급하는 총 인건비는 우려했던 대로 대폭 증가했다. 하지만 구단주로 구성된 리그운영위원회^{Board of Governors}는 선수협의회와의 단체협상합의^{Collective Bargaining Agreement}를 통해 팀 연봉 총액 상한제인 '샐러리 캡'이라는 보호 장치를 만들어 과도한 연봉 지급으로 인해 구단이 쉽게 파산할 수 없도록 제한했다. 즉, 리그와 선수협의회가 협의를 통해 전체 구단 수입의 일정 부분(총 구단 수입의 50~60퍼센트 정도) 이상을 선수 연봉으로 지급할 수 없도록 해서 구단이 일방적으로 손해 보는 일이 없도록 제도화했다. 이러한 제도는 선수와 구단이 서로 윈-윈할 수 있는 절충안으로, 전체 구단 수입의 파이가 증가하는 경우에 선수 연봉도 더불어 증가할 수 있는 유용한 시스템이다.

셋째, 리그의 총 운영 수입이 과거에 비해 비약적으로 늘어났다고 해도 여전히 모기업에서 재정적으로 지원받기 때문에 연봉 상승을 야기하는 스포츠 에이전트 제도의 도입은 아직 시기상조라는 주장이다. 2008년 올림픽 금메달을, 2009년 WBC 준우승을, 2015년 WBSC 프리미어 12에서 우승을 차지한 한국 프로 야구가 단지 시기상조라는 이유로 아직까지 에이전트 제도 도입을 차일피일 미루고 있다는 것은 쉽게 이해하기 어렵다. 프로 야구 A구단 관계자는 "구단을 통한 모기업의 광고 효과를 객관적으로 측정한다면 모기업이 지원하는 금액보다 훨씬 클 것이다"라고 전해 시기상조라는 명분이 점점 줄어들고 있음을 짐작할 수 있다.

넷째, 지난 35년 동안 선수들을 심리적으로 장악해왔던 리그와 구단이 에이전트 제도가 도입되면 선수에 대한 통제권에 치명타를 입을 것이라고 우려하기 때문이다. 선수의 일탈 행위나 부적절 행위에 대해 직접적인 징계권을 가진 리그의 경우, 에이전트와 의사소통 과정에서 예상치 않게 발생할 수 있는 마찰 등을 단순히 구단 경영의 비효율성으로 폄하하며 탐탁하지 않게 여길 것이다.

다섯째, 일부 선수 역시 에이전트 제도에 대해 기대보다는 우려하는 경우가 있는데, 바로 부익부 빈익빈에 대한 걱정 때문이다. 실력이 뛰어나 구단과의 협상력이 좋은 일부 정상급 선수의 연봉은 급상승하는 데 반해 그 외의 선수들은 이 제도로 혜택을 누릴 것이 별로 없다. 에이전트들도 정상급 선수를 고객으로 유치하기 위해 많은 출혈 경쟁을 벌이지만, 그 외의 선수는 에이전트의 관심을 끌기 어렵다는 고민을 하고 있다. 또한 선수의 실력을 바탕으로 객관적인 고과를 통해 연봉 협상이 이루어질 텐데, 이럴 경우 1군에서 활약한 경험이 없는 선수는 여전히 고과 평가가 어려워 에이전트 제도가 도입되어도 별다른 혜택을 보기 어렵다는 것이다.

불평등한 계약 조건

선수의 가치를 평가하고, 수용 가능한 연봉을 산정하기 위해 구단은 운영팀, 육성팀 등에 연봉 산정 담당자를 두고 있으며, 연봉을 입증하기 위한 다양한 기준을 두고 있다. 구단은 데이터로 산출한 고과를 근거로 책정한 연봉을 선수들에게 제시한다. A구단의 연봉 고과 산출 기준을 보면 구단 고과(50퍼센트), 정규 시즌 성적(20퍼센트), 타석 수 또는 투구 이닝(10퍼센트), 1군 등록 일수(10퍼센트), 코치 고과(10퍼센트) 등의 항목으로 구성된다.[4] 반면, 선수는 구단에 경기력에 대한 객관적인 근거를 제시할 길이 없다는 점, 보류 제도로 입단 이후 수년간 구단에 종속되는 특수한 관계라는 점 등 협상력이 구단에 비해 현저히 낮기 때문에 대체로 불리한 편이다.

선수가 연봉 산정에 불합리함을 느꼈을 때 4대 프로 스포츠에서 활용할 수 있는 제도적 조치로는 연봉 조정 신청 제도가 있다. 프로 야구와 프로 축구는 조정위원회, 프로 농구는 재정위원회, 프로 배구는 상벌위원회에서 본 업무를 담당한다. 하지만 연봉 조정 신청의 시행 현황과 결과를 보면, 구단과 선수의 협상력 차이를 체감할 수 있다.

우선 1982년부터 시작된 프로 야구에서는 총 20회의 연봉 조정 신청이 있었는데, 한 차례(2002년 LG 소속 유지현)[5]를 제외하고 구단이 모두 승리했다. 1997년부터 시작된 프로 농구의 경우에도 프로 야구와 별반 다르지 않았다. 총 31회의 보수 조정 신청이 있었고, 1998년 당시 나산 소속이던 김현국이 유일하게 구단을 이길 수 있었다.[6] 프로 배구는 V리그 출범 이후 최초로 OK 저축은행 곽명우의 연봉 조정 신청 건이 2016년 7월 21일에 진행되었으며, 구단의 손을 들어주었다.[7] 프로 축구에서는 연봉 조정 신청이 워낙 빈번하게 일어나 현황을 산정한 자료는 따로 존재하지 않는다. 하지만 양측의 중간에서 중재하는 경우가 대다수였다고 협회 관계자는 설명했다. 이처럼 대부분의 프로 스포츠에서 구단과 선수 간 협상 시 구단이 막대한 영향력을 쥐고 있는 것이 현실이다. 법률, 통계, 마케팅 등 전문적인 지식을 가진 에이전트가 나서서 구단과 선수가 비교적 동등한 입장에서 연봉 협상에 임할 수 있는 제도와 시스템을 만드는 것이 바로 에이전트 제도의 긍정적 가치라고 할 수 있다.

불공평한 에이전트 제도

스포츠 에이전트 제도는 현재 4대 프로 스포츠 리그 중 유일하게 프로 축구에서만 시행되고 있다. 프로 축구의 경우 FIFA 규정에 나와 있는 에이전트 조항을 그대로 적용하여 공식 에이전트를 인정했다가 2015년 4월 등록 중개인 제도로 선수 에이전트 제도를 변경했다. 최근에는 결격 사유가 없는 한 누구나 활동할 수 있도록 에이전트 활동

진입 장벽을 크게 낮추었다.[8] 이에 반해 프로 야구, 프로 배구, 프로 농구에서는 에이전트를 인정하지 않거나 제한하고 있다. 프로 배구에서는 규약 제70조 제2항에 따라 대면 계약을 원칙으로 하며, 국내에서 발생하는 선수 이적과 계약에 대한 에이전트의 역할을 사실상 인정하지 않고 있다.[9] 반면, 해외 용병 선수의 국내 이적과 관련해서는 에이전트 선임을 인정하여 에이전트 제도의 적용을 둘러싸고 내국인 선수와 해외 선수 간의 형평성 논란이 끊이지 않고 있다. 지난 2012년 김연경 선수는 터키 프로 배구팀으로의 이적 과정에서 자유 계약 선수[FA] 자격 취득 요건과 관련한 국내 규정의 해석과 계약 관계를 두고 구단과 갈등을 빚었다. 결국 국제배구연맹이 나서서 갈등을 봉합했지만 이 과정에서 선수의 권익과 신분 보호를 위해 국내에서도 에이전트 제도를 인정해야 한다는 의견이 곳곳에서 제기되었다.

국내 최고 인기 스포츠인 프로 야구의 에이전트 시장 역시 앞서 살펴본 프로 배구와 비슷한 상황이다. 국내 프로 야구에서는 전통적으로 계약을 체결할 때 선수와 구단 관계자가 직접 만나서 하도록 하는 대면 계약 제도가 원칙으로, 에이전트 제도를 인정하지 않고 있었다. 이후 공정거래위원회에서 2001년에 시정명령(공정거래위원회 의결 제2001-30호)을 내린 결과, 한국야구위원회 규약이 개정되었다. 그러나 개정된 규약에서도 변호사만 선수를 대리할 수 있고, 2인 이상의 선수 계약에는 관여할 수 없도록 규정해 에이전트 제도를 제한했다. 그뿐만 아니라 부칙을 통해 대리인 제도 시행을 유보해 사실상 에이전트 제도를 인정하지 않고 있는 상황이다. 반면 국내 프로 야구 선수 중 해외 리그로 진출하거나 해외 용병 선수의 국내 프로 야구 입단 계약에서는 에이전트를 인정하는 등, 에이전트를 고용할 권리에 차별을 두어 내국인 선수의 에이전트 고용에 대한 형평성 문제가 지속적으로 제기되고 있다.

• 대리인 제도와 관련한 한국야구위원회(KBO) 규약

제42조 [대리인]
① 선수가 대리인을 통하여 선수 계약을 체결하고자 하는 경우에는 변호사법 소정의 변호사만을 대리인으로 하여야 한다.
② 대리인은 동시에 2명 이상의 선수를 대리할 수 없다.
③ 대리인 제도의 시행일은 부칙에 따로 정한다.

• 대리인 제도와 관련한 한국야구위원회 규약 시행 부칙

제4조 [대리인 제도의 시행일]
제42조 소정의 대리인 제도는 리그의 여건 및 일본의 변호사 대리인 제도의 시행 결과 등 제반 사정을 고려하여 구단, KBO 및 선수협회의 전체 합의에 따라 그 시행 시기를 정하도록 한다.

국내 프로 농구에서도 그동안 에이전트 제도를 인정하지 않았지만, 최근에 규약을 개정해 내국인 선수의 에이전트도 명목상 허용하고 있다. KBL 규약 제76조에 따르면 구단의 선수 계약에 관해서는 선수에게 권한을 위임받은 에이전트 이외의 어떤 사람도 대리인 역할을 담당할 수 없고, KBL이 정한 절차에 따라 등록한 사람에 한해서만 에이전트를 인정하고 있다. 하지만 실제로 KBL은 국내 선수의 에이전트가 공식적으로 활동할 수 있는 등록 제도 자체를 마련하지 않고 있어 국내 선수는 에이전트를 고용할 수 없으며 고용하더라도 KBL의 인정을 받을 수 없는 안타까운 상황에 처해 있다. 또 시장이 협소하다는 이유로 내국인 선수에 대한 에이전트 제도 조항은 사실상 유명무실하게 적용되고 있다. 이에 반해 외국인 용병의 에이전트에 대해서는 자격과 활동에 대해 별도의 제약 없이 인정하고 있다.

프로 농구에서 에이전트와 관련된 대표적인 분쟁으로, 2005년 2월 KBL 국내 선수 드래프트에서 추첨을 통해 KTF(현재 부산 KT 소닉붐)에 1순위로 지명된 방성윤의 사례를 들 수 있다. 방성윤은 IMG 코리아에 계약 협상을 위임했고, IMG 코리아는 KTF와 협상을 시도했다. 그러나 KTF는 KBL이 내국인 선수의 에이전트 고용을 인정하지 않고 있음을 내세워 방성윤과 직접 연봉 협상을 하고자 했다. KBL 규정상 2005년 6월 말까지 KTF와 계약 체결을 하지 못할 경우, 5년간 국내 프로 무대에서 활동할 수 없는 상황에서 에이전트를 통한 협상 문제를 두고 양측의 갈등은 고조되었다. 결국 방성윤과 KTF는 몇 차례 직접 협상을 한 후, 2005년 6월 29일 연봉 9,000만 원에 5년간 계약을 하면서 향후 2년 동안 미국 프로 농구 진출 기회를 보장받았다. 당시 구단이 에이전트와의 입단 계약 협상을 거부하면서 선수로서는 계약이 완전히 성사될 때까지 정신적으로 매우 힘든 시간을 보냈을 것이다.

여자 프로 농구^{WKBL}는 규약을 통해 변호사, 법정 대리인에 한해 에이전트로 인정하는 반면, 외국인 선수에 대해서는 매 시즌 에이전트 등록제를 운영해 국제농구연맹^{FIBA} 또는 WNBA 에이전트 자격을 소유한 자 등의 자격 요건을 갖춘 자에 한해 에이전트 활동을 보장하고 있다.

외국인 선수에게만 너그러운 에이전트 제도

국내에서 활동하는 대부분의 외국인 선수는 에이전트 제도의 혜택을 충분히 누리고 있다. 해외 리그에서 활약한 경험이 있는 선수는 국내 리그로 들어오기 전에 이미 고용한 에이전트가 있기 때문에 에이전트 고용에 대해 별 다른 조치를 할 수 없는 입장이다. 외국인 선수와 함께 활동하는 국내 선수들도 외국인 선수의 에이전트 고용에 대해 매우 호의적인 입장을 보인다. 한 프로 야구 선수는 "외국인 선수가 에이전트를 고용하는 것에 대해서는 불만이 없다. 왜냐하면 외국에서 온 만큼 연봉 협상 등에서 의사소통으로 스트레스를 받지 않고 운동을 해야 하기 때문이다. 또 외국에서는 이미 제도가 활성화되어 있기 때문에 불합리하다고 생각하지 않는다"고 말했다. 또 다른 프로 야구 선수 역시 이와 비슷한 의견을 피력했다. "메이저리그를 포함한 타 리그에서는 에이전트 제도가 이미 보편화되어 있어 타 리그에서 오는 외국인 선수가 에이전트를 고용하는 것은 크게 불평등하다고 생각하지 않는다. 또 국내 야구 시장 규모가 작기 때문에 이런 부분에서 불평등이라기보다는 매우 당연한 것으로 받아들이고 있다"고 말했다.

더 늦출 수 없는 에이전트 제도

앞에서 살펴본 바와 같이 미국에서는 (비록 크고 작은 문제가 있긴 하지만) 비교적 스포츠 에이전트 제도가 잘 도입되어 다양한 분야의 선수가 권익을 보호받는 동시에 선수들의 시장 가치 또한 상승했다. 이들의 시장 가치(연봉)가 상승하자 구단의 비용도 즉각적으로 증가했다. 일부 정상급 선수는 구단의 재무 상태에 치명적인 결과를 가져오기도 했다.

그렇다면 한국에서 스포츠 에이전트 제도가 도입되면 어떤 장점이 있고, 에이전트 제도를 반대하는 사람은 어떤 이유로 반대하는 것일까? 프로 야구가 탄생한 지 약 35년이 지났다. 스포츠 에이전트 제도는 KBO 규정에 명시되어 있음에도 선수들에게는 여전히 멀고도 먼 제도다. 스포츠 에이전트 제도가 한국 스포츠 산업에 정착한다면 어떤 긍정적인 변화가 생길까?

첫째, 지금까지 프로 스포츠 선수의 연봉 협상 과정에서 당연하게 생각했던 구단과 선수의 불평등한 협상 지위로 피해를 볼 수밖에 없던 선수들의 폐해를 줄일 수 있다. (FA 자격을 얻은 선수 몇 명을 빼놓고) 대부분의 프로 스포츠 선수는 연봉 협상할 때 계약서에 있는 중요 사항을 정확하게 인식하지 못하고 자신의 이름과 연봉 금액, 계약 기간 정도만 재확인할 뿐 계약과 관련한 어떠한 의견을 내는 일이 드물었다. 또한, 감독이나 코치의 계약서와는 달리 구단과 선수 간의 계약서

쌍방 보관 의무를 명기하지 않은 탓에 적지 않은 KBO 소속 선수가 계약서를 (물론 일부 구단을 제외하고) 갖고 있지 않다.[10] 이는 계약을 맺은 쌍방이 계약서를 각각 보관하도록 하는 공정거래법 원칙에도 위배된다.

실제로 대부분의 선수는 연봉 테이블 상대편에 앉아 있는 구단 대표이사나 단장과의 연봉 계약에서 심리적으로 위축될 수밖에 없다. 그들이 진정한 목소리를 낼 수 없게 하는 내부 분위기 역시 계약 당사자 간의 협상 지위를 불공평하게 만들 여지가 충분하다. 따라서, 에이전트가 생기면 선수는 협상력이 높아지고 구단은 에이전트와 협상을 함으로써 선수와의 직접적인 갈등과 마찰을 최소화할 수 있다는 장점이 있다. 연봉 협상 과정에서 선수는 구단 관계자의 영향력이 제한적인 에이전트와 동행함으로써 자신의 연봉 협상력을 상대편과 대등하게 높일 수 있다.이는 결국 선수의 권익을 보호하는 지름길이 된다.

둘째, 선수가 금지 약물을 복용하는 등 곤란한 상황에 처해 구단의 도움을 받을 수 없을 때 에이전트가 나서서 선수를 도와줄 수 있다. 선수협의회는 리그와의 공식 노동 교섭권이 없기 때문에 선수가 물의를 일으켰을 때 선수를 효과적으로 도와주는 데 한계가 있다. 따라서 에이전트가 선수들이 필요 이상의 금전적, 정신적 피해를 받지 않도록 도와줄 수 있다. 올림픽에서 23개의 금메달을 포함해 총 28개의 메달을 딴 미국의 영웅이 된 마이클 펠프스 선수는 금지 약물 복용, 대마초 흡연, 음주 운전 등으로 크고 작은 구설수에 올랐지만 에이전트의 적극적인 도움을 받아 수영 선수로서의 생활을 영위하는

• 한국형 스포츠 에이전트의 필요성

현행 스포츠 에이전트 제도의 분쟁 사례 및 문제점
· 위약금과 에이전트 수수료 반환
· 이중계약 관련 분쟁
· 에이전트 전횡

계약상 불평등
· 구단-선수 간 협상력 불균형
· 제반 법률과 가치 분석에 대한 전문성을
  지닌 에이전트 필요성 제고

스포츠 에이전트 제도 적용의 형평성
· 일부 프로 스포츠 에이전트 제도 미운영
· 해외 진출 내국인 선수, 국내 진입 외국인 선수에
  한정된 에이전트 계약
· 국내 활동 중인 내국인 선수에게 혜택이 돌아갈
  수 있도록 본 제도를 통한 보편화 실시

데 큰 불편을 느끼지 않았다고 한다.

셋째, 연봉 외에 딱히 이렇다 할 수입원이 없는 프로 스포츠 선수에게 광고 계약이라든지 스폰서십 계약 등의 기회가 생겨 잠재적으로 스포츠 산업 시장에 체인 효과가 발생할 수 있다. 예를 들면, 아웃도어와 스포츠 관련 상품 시장 광고를 잠식한 연예인들과 경쟁 구도를 만들어 예비 스포츠 스타의 활약이 좀더 늘어날 수 있을 것이라고 생각한다.

넷째, 여타 직업군에 비해 생명이 그리 길지 않은 운동선수에게 제2, 제3의 커리어를 개발해 은퇴 후의 삶을 좀더 안정적으로 이어갈 수 있도록 가이드해줄 수 있다. 최근에 안정환, 서장훈, 박찬호, 우지원, 현주엽 등과 같이 과거에 화려하게 활약했던 스포츠 스타들이 연예 프로그램에 종종 등장한다. 은퇴 후 소식을 궁금해하던 많은 팬은 그들의 텔레비전 출연이 반가울 수밖에 없을 것이다. 하지만 이들을 열렬히 응원했던 팬들은 한국 스포츠계를 주름잡던 스타들이 스포츠가 아닌 연예계로 방향을 바꿔 활동하는 것에 안타까움을 느끼기도 한다. 대부분의 프로 스포츠 선수가 은퇴 후 제2, 제3의 인생을 제대로 준비하지 못한 채 선수 생활을 그만두는 일이 다반사인 지금의 상황에서 그들의 은퇴 후의 삶을 보다 값지게 만들 조언자가 절실해 보인다. 선수로서 현역 기간뿐 아니라 그 이후의 활동까지 설계해줄 수 있는 적극적인 의미의 에이전트가 필요한 부분이라고 할 수 있다.

다섯째, 구단과 관계가 불편한 선수는 에이전트를 통해 긴장 관계를 풀어나갈 수 있다. 한국에서 프로 스포츠 선수로 활약하기 위해서는 독점 구조로 형성된 하나의 시장밖에 기회가 없다. 다시 말하면 한국에서 프로 야구 선수가 되기 위해서는 KBO에 등록된 구단에서 활동하는 길밖에 없는데, 시장이 하나기 때문에 이들 구단의 선수에 대한 장악력은 상상할 수 없을 만큼 강력하다. 구단과 선수 간의 보이지 않는 수직 관계, 혹은 상하 관계는 시장의 자율성을 해칠 가능성을 높인다. 그러나 상하 관계에서 기인한 불평등한 관계를 바로잡을 수 있는 '정의로운 누군가'가 아직까지 음지에 묻혀 있다. 물론 모든 스포츠 에이전트가 정의롭다는 의미는 결코 아니다. 하지만 유능하고 자격이 검증된 에이전트는 선수(고객)가 구단의 강력한 힘에 맞설 수 있도록 도움을 줄 수 있다.

마지막으로 해외 국적을 지닌 외국인 선수만 고용할 수 있도록 되어 있는 반쪽짜리 에이전트 제도의 문제점을 바로잡아야 한다. 국적에 따른 진입 장벽이 낮아지면서 점점 많은 해외 선수가 국내 리그에서 활약하고 있으며, 국내 선수의 해외 진출 역시 꾸준히 증가하고 있다. 하지만 국내 리그는 해외 리그와 달리 외국인 선수에게만 에이전트 고용 권리를 보장하고 있는데, 이러한 이중적인 규정을 하루빨리 손볼 필요가 있다. 이것이 바로 한국 프로 스포츠의 품격을 높이는 지름길이 될 것이다.

2

스포츠 에이전트 산업의
역사적 배경

　　스포츠 에이전트의 등장은 1920년대로 거슬러 올라 간다. 레드 그랜지라는 당대 최고의 풋볼 선수가 1925년 미국 풋볼 팀 중 하나인 시카고 베어스와 계약할 때 그의 에이전트였던 찰스 파일이 그를 대리해서 체결한 연봉 계약이 스포츠 에이전트의 첫 번째 사례라고 볼 수 있다. '연봉 대리 계약'이라는 소극적인 의미의 에이전트 역할에서 보다 포괄적인 역할을 하는 현대적 의미의 스포츠 에이전트가 등장하기까지는 다시 40년이 걸렸다. 미국 보스턴 레드삭스에서 포수로 활약하다 디트로이트 타이거스에서 투수로 포지션을 바꿔 맹활약했던 흑인 투수 얼 윌슨은 야구 선수로서 인생의 최종 목표와 흑인으로서 삶의 방향에 대해 고민이 많았다. 포수라는 포지션으로 보스턴 레드삭스에 지명되었지만 강한 어깨를 인정받아 투수로 포지션을 전향했다. 야구 선수로서는 성공했지만 다른 선수에 비해 보이지 않는 시련을 많이 겪었다. 그는 1962년에 일어난 작은 사고로 지인에게 소개받은 젊은 변호사 로버트 우프에게 이런저런 고민을 상담했다. 우프는 윌슨 사건을 해결했을 뿐만 아니라 우연찮게도 1967년 디트로이트 타이거즈와 연봉 계약까지 대리하게 되었다.[11] 많은 야구 전문가가 이때부터 본격적인 의미의 스포츠 에이전트라는 직업이 탄생했다고 설명한다. 우프는 선수 연봉 계약 외에 각종 상담과 조언sports advisor 서비스를 제공해 흔히 말하는 '적극적인 의미의 에이전트' 역할을 했다.

한편, 다른 스포츠 종목에서도 에이전트라는 직업이 생겨나고 있었다. 세계 최고의 스포츠 마케팅 컨설팅 회사 IMG의 설립자인 마크 매코맥은 1960년대 후반에 당대 최고의 골프 스타인 아놀드 파머를 고객으로 맞이했다. 파머의 PGA 대회 스케줄과 텔레비전 출연, 후원 광고 섭외 등을 IMG에서 대신하면서 몇 년 만에 그의 1년 수입이 5만 달러에서 1,000만 달러로 수직상승했다.[12] 일부 스포츠 산업 전문가는 매코맥의 등장 본격적인 스포츠 에이전트 시대의 개막이라고 생각한다. 그 이유는 스포츠 스타의 금전적 가치를 최대화시키기 위해 용품 후원 계약이라는, 당시로서는 매우 세련되고 매력적인 개념을 선보였기 때문이다. 다시 말해서 골프, 테니스와 같이 우승 상금을 목표로 하는 스포츠 경기는 선수의 고정적인 수입이 보장되지 않기 때문에 에이전트가 수입을 높이는 데에는 한계가 있다. 매코맥은 선수들이 언론에 노출되는 기회가 많다는 점을 이용해 후원 계약이라는 새로운 수입원을 생각해낸 것이다. 그것은 우리가 흔히 말하는 '광고 후원' 혹은 '용품 후원 계약'이라고 볼 수 있다. 이것은 다른 스포츠 에이전트와 매코맥의 차이점이었으며, 그가 찬사를 받은 이유이기도 하다.

일반적으로 스포츠 에이전트는 운동선수 에이전트athlete agent, 스포츠 변호사sports lawyer, 혹은 스포츠 어드바이저sports advisor라고 불리기도 한다. 이들의 직업을 한마디로 정의하기는 쉽지 않지만, 미국의 스포츠 에이전트 관련 법령The Uniform Athlete Agents Act에는 "운동선수(혹은 운동을 전공하는 학생)를 모집해 이들과 에이전시 계약을 통해 이윤을 창출하는 역할을 하는 사람"이라고 정의하고 있다. 최근 미국에서 스포츠 에이전트로 활약하는 사람 중에 약 50퍼센트 이상이 변호사 자격을 갖고 있다(로스쿨을 졸업하는 변호사 수가 증가하면서 변호사 자격을 가진 에이전트의 비율 역시 매년 높아지고 있다). 그들은 다른 경쟁 에이전트보다 전문성이 있다는 것을 강조하기 위해 스스로 '변호사 에이전트lawyer-agent'라고 부르는데, 대개는 은퇴한 프로 스포츠 선수, 코치, 각종 보조 업무를 도와주던 매니저와 함께 팀을 꾸려 종합 에이전시를 운영하고 있다.

미국 스포츠 에이전트 산업의 성장

스포츠 에이전트라는 직업이 대중화된 이유는 여러 가지가 있지만, 그중 가장 중요한 계기를 크게 다음과 같은 5가지로 설명할 수 있다.

첫째, 미국대학스포츠연맹NCAA에 등록된 스포츠 선수가 이미 10년 전에 10만 명을 돌파해 스포츠 선수라는 상품이 지속적으로 시장에 공급되는 것을 가능하게 했다는 점이다. 이들이 모두 프로 스포츠 리그로 진출하지는 못하지만 프로 선수가 될 잠재력을 갖고 미국 대학 스포츠 리그에서 활동하는 아마추어 선수의 숫자가 꾸준히 증가하고 있다(대부분의 아마추어 선수는 프로 스포츠 리그로 진출하기 어렵다는 사실을 어느 정도 인지하고 있다). 선수의 안정적인 시장 공급이야말로 에이전트 시장의 핵심 성장 동력이다. 최근의 경향을 보면 이미 실력이 우수한 선수는 국적과 종목에 상관없이 프로 스포츠 선수가 되기 위해 미국 대학연맹에 등록해 꿈을 향해 달려가고 있다. 미국대학스포츠리그는 프로 스포츠 시장의 인큐베이터 역할을 톡톡히 하고 있다. 다양한 국적의 우수한 선수들은 대학스포츠리그(특히 풋볼과 농구)를 단지 프로로 데뷔하기 전에 몸값을 높일 수 있는 사전 무대 정도로 생각한다고 해도 과언이 아니다.

둘째, 지금까지 북미 4대 메이저 스포츠 리그라고 불리는 NFL, MLB, NBA, NHL은 오랫동안 스포츠 에이전트 산업에 성장 동력 역할을 해왔다. 최근에는 틈새시장으로만 여겨졌던 MLS(프로 축구 리그), NASCAR(자동차 경주), PGA, LPGA, X-Games 등이 괄목한 만한 성장을 하면서 에이전트의 수요는 더욱 증가했으며 에이전트 시장은 다양화되었다.

셋째, 천문학적인 중계권료의 인상, 후원사 수입의 대폭적인 상승, 참신한 아이디어로 무장한 스포츠 용품 · 의류 개발, 스포츠 경기장 건설(특히 고급 좌석) 붐을 통한 입장료 수입 증대 등을 등에 업고 발전한 여러 프로 스포츠 리그에서 선수 연봉도 자연스럽게 인상되었다. 일부 선수의 몸값이 많게는 수천만 달러에 이르게 되자 그들을 통해 수익을 낼 수 있다고 인식한 사람들이 에이전트 산업에 진출하기 시작했다. 특히, 1990년대 초반부터 프로 리그 최저 임금의 상승, 신인 선수 드래프트 제도, FA 활성화로 인해 천문학적 선수 연봉이 실현되자 변호사 자격을 가진 우수한 에이전트의 대대적인 시장 진입이 시작된 것이다.

넷째, 1956년 MLB 선수협회의 창설을 계기로 MLB 선수의 계약 협상에 에이전트를 이용할 수 있는 권리를 보장했다. 1975년부터 자유 계약(일명 FA 선수) 제도가 도입되면서 에이전트의 입지가 넓어지기 시작했다. 또한 프로스포츠리그선수협회(NLFPA, MLBPA, NBPA, NHLPA 등)가 본격적으로 활성화되면서 전체 구단주로 구성된 리그 이사회와 노동 교섭이 가능해졌을 뿐만 아니라, 이로 인해 선수의 권익 또한 제도적으로 보호받을 수 있게 되었다. 특히 메이저 리그는, 에이전트의 도움으로 그동안 선수들이 그동안 받지 못했던 다양한 보너스(사이닝, 리포팅스, 로스터 보너스, 연금 보험 등)와 같은 혜택에 대해 정당한 요구를 할 수 있게 되었다. 따라서 에이전트를 고용한 프로 선수들의 만족도와 그들에 대한 기대치가 동시에 올라갔다.

마지막으로, 선수들이 스스로 미래 자산에 대한 위험성을 인지하기 시작하고 재무 계획에 대한 도움을 필요로 하게 되면서 변호사가 아닌 재무 · 회계 · 투자 자격증을 가진 직업군이 프로 스포츠 산업으로 진출하게 되었다. 또한 선수 연봉에 과도하게 부과된 세금 문제라든가 은퇴 후 재정 계획에 대한 조언이 필요한 선수들은 변호사 자격증뿐만 아니라 회계사나 세무사 자격증을 동시에 지닌 에이전트를 선호하게 됨으로써 에이전트 산업은 꾸준히 성장하게 되었다.

에이전트는 어떤 서비스를 제공하는가?

스포츠 에이전트는 고객에게 어떤 서비스를 제공할까? 에이전트끼리 경쟁이 점점 치열해지면서 나름대로 차별화된 서비스를 제공하기 위해 다양한 아이디어를 고안하고 있다. 하지만 기본적으로 에이전트는 다음과 같은 서비스를 제공한다.

첫째, 에이전트의 가장 중요하고 중심적인 역할로 구단과의 연봉협상(금액과 계약 기간) 계약을 대리한다. 단순히 협상만 대신해주는 것이 아니라 선수의 시장 가치를 최대화하기 위해 협상 테이블에 가기 전에 고객 선수의 과거 성적을 분석한다. 이를 통해 그 선수의 시장 가치를 리그 전체 수요를 고려해 해당 구단의 구체적인 요구와 팀 연봉 상한액과 같은 니즈에 맞도록 다양한 방식으로 설계해 해당 구단과 협상을 진행하는 것이다. 이 과정에서 에이전트들은 (물론 리그마다 차이가 있지만) 구단에서 선수 연봉으로 지불할 수 있는 금액이 한정되어 있는 경우, 다시 말해서 리그에서 샐러리 캡(팀 연봉 상한액)이라는 방패 막을 펴놓을 경우, 에이전트는 구단이 지불할 수 있는 총 연봉 상한액이 얼마인지 미리 파악해 선수들이 최대의 시장 가치를 받을 수 있도록 여러 가지 전략을 준비한다.

• **스포츠 에이전트의 주요 역할**

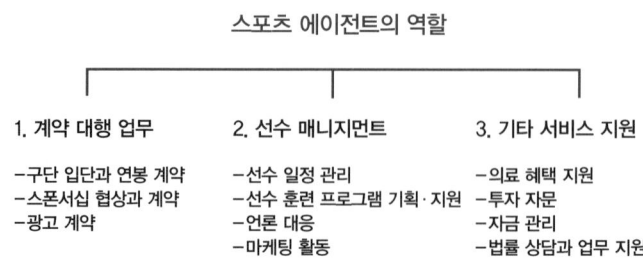

스포츠 에이전트의 역할

1. 계약 대행 업무	2. 선수 매니지먼트	3. 기타 서비스 지원
-구단 입단과 연봉 계약	-선수 일정 관리	-의료 혜택 지원
-스폰서십 협상과 계약	-선수 훈련 프로그램 기획·지원	-투자 자문
-광고 계약	-언론 대응	-자금 관리
	-마케팅 활동	-법률 상담과 업무 지원

　둘째, 실력이 우수한 정상급 선수는 구단에 대한 협상력이 상대적으로 높기 때문에 연봉 외에 다음과 같은 다양한 혜택을 요구하는 경우도 있다. 예를 들면, 볼티모어 오리올스에서 활약했던 칼 립킨 선수는 은퇴 후에 오리올스 구단에서 연 200만 달러의 연봉을 받고 4년간 일할 수 있도록 보증하는 조항을 계약서에 포함시켰다. MLB에서 최근 3,000안타를 기록한 일본 출신 스즈키 이치로 선수는 개인 트레이너, 통역, 1년에 2회 해외여행을 할 수 있는 1등석 비행기 왕복 티켓, 그리고 3~10월까지 교통비와 집세로 약 2만 5,000달러를 받을 수 있는 조항을 넣었다. 미네소타 트윈스로 진출한 박병호 선수 역시 통역비로 연간 5만 달러, 이사 비용으로 5,000달러, 한국행 비행기 1등석 티켓(연 2회)을 계약서에 포함시켰다. 시애틀 슈퍼소닉스에서 활약했던 거스 윌리엄스 선수는 연간 70만 달러의 연봉 외에도 17만 2,000달러짜리 롤스로이스 자동차를 받았다. 샌프란시스코 자이언츠에서 활약하면서 한 시즌 73개의 홈런 신기록을 갖고 있는 베

리 본즈 선수 역시 구단과의 계약에 매우 독특한 조항을 넣었다. 그것은 바로 그의 아버지인 바비를 구단 코치로 고용해줄 것과 이후 재계약할 때는 그의 아들이 배트 보이로 활약할 수 있도록 한다는 내용이었다.

실력이 무척 뛰어나 구단에 선수의 영향력이 막강할 경우, 위에서 말한 것보다 더한 요구를 할 수 있다. 예를 들어 오클랜드 애슬레틱스에서 활약했던 레지 잭슨 선수는 연간 팬 180만 명 초과분에 대해 1인당 30센트의 수익금을 받을 수 있다는 내용을 계약에 포함시켰다. 불세출의 아르헨티나 천재 축구 선수인 디에고 마라도나는 S.S.C 나폴리에서 활약할 당시 연봉 외에 구단 유니폼 등 상품 매출액의 25 퍼센트와, 매년 나폴리에서 그의 고향인 부에노스아이레스에 다녀올 왕복 티켓(각 2장) 총 24장을 요구했다. 또 하나 선수들이 요구하는 재미있는 계약은 '엄마 조항(Mama clause, 학업을 중단하고 프로 선수가 된 자녀를 바라보는 어머니를 행복하게 하기 위한 혜택이라는 이유로 '엄마 조항'이라고 함)'이라고 불리는 고등교육에 대한 것이다. 이것은 대학에 진학하기 전 프로구단에 입단한 선수가, 비시즌에 대학 공부를 할 수 있도록 등록금을 구단에서 지불하도록 하는 조항이다. 이러한 혜택에 대해 에이전트는 수수료를 받을 길이 없어서 매우 회의적인 태도를 견지하는 것이 일반적이다.

셋째, 부당한 스포츠 관련 법규나 규제로부터 선수를 보호한다. 스포츠 경기와 관련된 일 외에도 개인 신상에서 민법이나 형법상 문제가 되는 행위, 가령 금지 약물 사용, 음주 운전, 폭력 등으로 사회에

물의를 일으킨 선수는 변호사 자격을 가진 에이전트의 역할이 더 커질 수밖에 없다. 과거에 총기 소유부터 각종 폭력에 휘말려 15년형을 선고받았다가 4개월 만에 경기장으로 복귀한 NBA의 앨런 아이버슨이나, 불법 투견 도박을 해 연방법을 위반하고 2년형을 받은 NFL 쿼터백 마이클 빅 선수의 에이전트는 구단과의 연봉 계약 외에도 변호사로서 또 다른 역할을 해야 했다. 그러나 이들의 역할은 다른 좋은 변호사를 소개해주는 것에 그친 것으로 알려졌다.

넷째, 에이전트는 프로 스포츠 선수 대부분이 거액 연봉을 받을 수 있는 기간이 오래가지 않음을 잘 알고 있기 때문에 은퇴 전에 선수의 건전한 재무 상태를 유지하기 위해 조언을 하기도 한다. 미국 시애틀에서 1989년 이후 지난 27년간 NFL 스포츠 에이전트로 꾸준히 명성을 날리고 있는 캐머런 포스터는, "프로 리그 선수 중 선수로서의 삶이 끝났을 때 자기가 받았던 총 연봉의 25퍼센트만 은행 계좌에 남아 있어도 성공한 경우"[13]라면서 실제로 이런 일은 매우 드물다고 말했다. 2009년 미국 스포츠 주간지 『스포츠 일러스트레이티드Sports Illustrated』에 의하면 NFL 선수의 78퍼센트가 은퇴 후 2년 안에 파산신고를 하고, NBA 선수의 60퍼센트는 은퇴 후 5년 안에 파산신고를 했다고 한다.[14] 불행 중 다행으로 『포천Fortune』에서는 2년 후에 파산신고를 하는 NFL 은퇴 선수는 1.9퍼센트밖에 안 되지만, 12년이 넘어가면 다시 15.7퍼센트로 증가하는 경향을 보인다고 했다.[15] NBA 출신 선수 중 대부분은 수백억 달러의 수입을 올렸지만 은퇴 후 얼마 지나지 않아 파산한 것으로 알려졌다.[16] 2014년 북한을 방문해 큰 화제가 된 빈 베이커 선수는, NBA 선수 시절 연봉으로만 1억 달러를 넘게 벌었고, 2000년 미국 드림팀 일원으로 미국에 금메달까지 안겨준 주역 중 한 명이었다. 케니 앤더슨 선수 역시 NBA 선수 시절에 연봉으로만 6,500만 달러를 벌었지만, 파산을 면치 못해 결국 금전적 이익을 위해 북한을 방문한 것으로 알려졌다.

스포츠 에이전트는 위에서 언급한 4가지 역할 외에도 선수의 은퇴를 대비해 제2의 인생을 잘 준비할 수 있도록 도와주는 일을 한다. 부상을 당했을 때 의료 전문가를 소개하거나 일부 약물 혹은 알코올 중독으로 부작용을 겪고 있는 선수를 위해 전문 치료 기관을 연결해주어 선수들이 은퇴 후에도 정상적인 생활을 할 수 있도록 도와주고 있다.

chapter 2

스포츠 에이전트
시장의 현실

3

세계 톱 스포츠 에이전트는
과연 얼마나 벌까?

스포츠 에이전트 수가 본격적으로 늘어난 것은 프로 선수의 연봉이 기하급수적으로 증가하기 시작한 시기와 일치하는 1990년대 초반부터다. 1992년에 에이전트 자격증을 가지고 NFL에서 활약한 스포츠 에이전트의 수는 423명이었으나, 2002년에는 그 수가 1,100명으로 증가했다.[17] 하지만 이 수는 점차 줄어 2012년 714명,[18] 2013년 약 800여 명[19]에 이르는 것으로 알려졌다.[20] NFL은 3년 동안 NFL 선수 중 한 명의 고객도 유치하지 못한 에이전트는 자격을 박탈해 에이전트 시장의 포화를 방지하고자 했지만, 그 대가로 20/80이라는 새로운 법칙이 생겨났다. 그것은 바로 20퍼센트의 대형 에이전트(에이전시)가 선수의 80퍼센트 이상을 고객으로 삼는다는 뜻이다. 이로 인해 새로 진출하는 새내기 에이전트의 입지가 좁아졌을 뿐만 아니라 결국 일종의 '그들만의 리그' 형태로 시장이 변형되었다. 정상급 선수를 대리하는 특급 에이전트는 톱 에이전시와 3~5년 동안 계약을 맺고 계약이 끝날 때마다 에이전시를 옮겨 다니면서 몸값을 높이는 경향도 생겨났다.

2015년 미국의 경제 전문지 『포브스Forbes』는 전 세계에서 가장 영향력 있는 에이전시 47개를 선정했다. 전 세계에서 그들이 차지하는 총 계약 금액은 376억 달러에 이르고, 커미션으로 가져가는 금액은 약 18억 5,000만 달러에 이르는 것으로 알려졌다. 2015년 기준으로 세계에서 가장 규모가 큰 에이전시인 크리에이티브 아티스츠 에이전시CAA는 선수 계약 규모만 약 64억 달러에 이르고, 수수료로 받은 금액만 약 2억 6,000만 달러에 이르는 것으로 나타났다. NFL의 에이전트로 세계적인 명성을 갖고 있는 트리오 에이전트인 지미 섹스턴, 톰 콘던, 벤 도그라는 총 26억 달러에 이르는 계약을 체결해 NFL에서 선두를 달렸다. 박찬호 선수의 에이전트로 우리에게 잘 알려진 스콧 보라스가 세운 보라스 코퍼레이션은 크리에이티브 아티스츠 에이전시에 이어 세계에서 두 번째로 많은 총 17억 달러의 커미션 수입을 올렸다. 이로 인해 스콧 보라스는 2015년 『포브스』가 선정한 "세계에서 가장 영향력 있는 스포츠 에이전트"가 되기도 했다.[21] 이 외에 레알 마드리드 축구 스타인 크리스티아누 호날두의 계약을 체결한 포르투갈의 축구 에이전시인 제스티푸트를 이끌고 있는 조르즈 멘데스가 (호날두 선수의 계약금인 2,600만 달러를 포함해) 총 10억 달러 이상의 계약을 이끌어 축구 분야에서는 손꼽히는 에이전트로 명성을 날리고 있다.

해외 톱 에이전트의 특징

『포브스』가 선정한 톱 50위 에이전트 리스트를 보면 명확한 특징 하나가 보인다.[22] 다양한 종목의 선수들을 고객으로 유치하고 관리하는 것보다 한 가지 종목에만 주력한다는 것을 알 수 있다. 보라스 코퍼레이션이나 제스티푸트 인터내셔널처럼, 한 에이전시가 하나의 종목을 전담하는 경우도 있지만, 몇몇 다른 에이전시는 여러 종목을 담당하는 것을 볼 수 있다. 크리에이티브 아티스츠 에이전시는 풋볼, 하키, 농구, 야구 등의 종목을, 옥타곤 에이전시는 야구, 하키 등을 다루고 있다. 톱 50위 내 에이전트를 가장 많이 보유한 에이전시는 크리에이티브 아티스츠 에이전시가 9명으로 가장 많은 수를 차지했고, 그 뒤로 엑셀 스포츠 매니지먼트가 4명, 옥타곤 에이전시가 3명, 라가데르 언리미티드가 2명으로 뒤를 이었다. 종목별로는 야구가 11명으로 가장 많은 수를 기록했고 풋볼이 10명, 농구 8명, 하키 8명, 축구 7명, 골프 2명으로 그 뒤를 이었다.

에이전트의 파워 랭킹 방법에는 두 가지가 있다. 첫 번째, 에이전트의 고객으로 있는 선수의 총 연봉으로 순위를 정할 수 있다. 두 번째, 선수의 연봉 계약 시 에이전트가 받는 수수료로 순위를 정할 수 있다. NFL 선수인 경우, NFL 선수협에서는 에이전트가 가져갈 수 있는 수수료를 최대 3퍼센트로 제한했다. NFL뿐만 아니라 NBA와 NHL은 에이전트가 받는 수수료를 최대 4퍼센트, MLB는 최대 5퍼센트로 제한하고 있다. FIFA는 축구 선수 수입의 최대 10퍼센트 내에서 에이전트가 수수료를 챙길 수 있게 했다. 한편 선수와 에이전트의 또 하나의

• 『포브스』선정 톱 50 에이전트 현황(2015년 수수료 수입 기준)[23]

순위	이름	종목	수수료 (100만 달러)	계약금 (100만 달러)	소속 에이전시
1	Scott Boras	야구	117.07	2,300	Boras Corp
2	Jorge Mendes	축구	95.64	956.4	Gestifute International
3	Tom Condon	풋볼	59.42	1,500	Creative Artists Agency
4	Jonathan Barnett	축구	43.96	439.6	Stellar Group
5	Volker Struth	축구	42.4	424	SportsTotal
6	Sam&Seth Levinson	야구	42.33	846.6	ACES
7	Greg Genske	야구	33.48	669.5	The Legacy Agency
8	Dan Lozano	야구	33.44	668.7	MVP Sports Group
9	Jeff Schwartz	농구	33.24	831	Excel Sports Management
10	Pat Brisson	하키	32.99	824.9	Creative Artists Agency
11	Casey Close	야구	31.43	808.5	Excel Sports Management
12	Brodie Van Wagenen	야구	30.39	607.7	Creative Artists Agency
13	Don Meehan	하키	29.37	734.3	Newport Sports Management
14	Mino Raiola	축구	28.57	285.7	Mino Raiola
15	Jose Otin	축구	29.34	293.4	Bahia Internacional
16	Joel Wolfe	야구	25.87	517.4	Wasserman Media Group
17	Jimmy Sexton	풋볼	24.82	742.5	Creative Artists Agency
18	Nez Balelo	야구	24.73	494.9	Creative Artists Agency
19	Dan Fegan	농구	24.45	661.3	Relativity Sports
20	Drew Rosenhaus	풋볼	23.85	794.3	Rosenhaus Sports Representation
21	Jeff Berry	야구	22.99	459.8	Creative Artists Agency
22	Joel Segal	풋볼	22.89	763.1	Lagardere Unlimited
23	Fernando Felicevich	축구	22.77	227.7	Fernando Felicevich
24	David Dunn	풋볼	22.75	758.3	Athletes First
25	Thomas Kroth	축구	22.42	224.2	Pro Profil
26	J. P. Barry	하키	22.16	554.1	Creative Artists Agency
27	Rick Curran	하키	21.47	536.7	Orr Hockey Group
28	Thad Foucher	농구	20.55	513.8	Wasserman Media Group
29	Scott Pucino	야구	20.08	401.6	Octagon

30	Bus Cook	풋볼	18.61	620.4	BC Sports
31	Mark Bartelstein	농구	17.6	439.9	Priority Sports & Entertainment
32	Rob Pelinka	농구	17.54	509.8	Landmark Sports Agency
33	J. D. Smart	야구	16.69	333.8	Excel Sports Management
34	Andy Miller	농구	16.03	400.9	ASM Sports
35	Todd France	풋볼	16	533.4	Creative Artists Agency
36	Leon Rose	농구	14.62	365.5	Creative Artists Agency
37	Mark Steinberg	골프	14.35	–	Excel Sports Management
38	Steve Loy	골프	14.32	–	Lagardere Unlimited
39	Pat Dye, Jr.	풋볼	13.62	454	Sports Trust Advisors
40	Eugene Parker	풋볼	12.98	432.5	Relativity Sports
41	Gerry Johannson	하키	12.95	328.8	The Sports Corporation
42	Kurt Overhardt	하키	11.93	298.3	KO Sports
43	Bruce & Ryan Tollner	풋볼	11.72	390.6	Rep 1 Sports
44	B. J. Armstrong	농구	11.51	287.8	Wasserman Media Group
45	Allan Walsh	하키	10.67	266.8	Octagon
46	Mike Liut	하키	10.46	261.5	Octagon

수입원인 후원 업체 광고 수입의 경우, 일반적으로 총 후원사 수입의 약 15~20퍼센트를 에이전트가 가져가는 것으로 알려져 있다. 『포브스』는 선수들이 광고 후원과 인도스먼트사에게 받는 수입은 전체 수입의 약 1~2퍼센트를 차지하고, 에이전트는 연봉을 포함한 선수의 총 수입에서 약 20~25퍼센트를 가져간다고 밝혔다.[24]

한 가지 재미있는 사실은 세계 10위 안에 드는 슈퍼 에이전시 중 5개 업체가 특정 종목의 스포츠만 전문으로 하는 에이전시였다는 점이다. 총 47개의 에이전시 중 2종목 이상의 선수를 관리하는 업체 수는 10개인 반면 대부분의 에이전시는 한 종목 선수만 집중적으로 관리하는 것으로 나타났다.

현재 국내 프로 스포츠는 에이전트가 활성화되지 않은 만큼 관련 규정이 없는 종목도 있지만, 해당 스포츠 관련 국제기관의 규정을 준수하는 종목도 있다. 야구에는 아직 에이전트 중개 수수료에 관한 규정이 없다. 게다가 축구 시장에 비하면 에이전트의 활동 폭이 좁고, 외국인 선수의 영입을 국내 에이전트가 주도하기 어렵기 때문에 해외 리그나 타 종목을 참고해 기준을 설정할 필요가 있다. 야구보다 대리인 제도가 활성화되어 있는 축구 시장에서는 수수료가 3~10퍼센트 수준으로 알려져 있다. 축구에서는 선수 대리인이 아닌 협상 중개인으로서 수수료를 받는다(스포츠 종목마다 에이전트를 칭하는 용어는 에이전트, 대리인, 중개인 등 서로 다르지만 이들의 역할은 별반 차이가 없다). FIFA 규정 7조에 의거해 중개인의 보수 수준도 설정되었는데, 계약 체결을 위해 중개 업무를 한 경우 계약 전체 기간에 해당하는 선수의 기본 급여에서 3퍼센트를 받게 된다. 선수의 이적 체결을 위해 고용한 경우 이적료의 3퍼센트를 받는다. 남자 배구는 에이전트 수수료를 기존의 10퍼센트에서 15퍼센트로 상향 조정(선수 지명 구단 부담)해 우수 선수를 확보하기 위한 동기를 부여하고 있다(여자 배구는 선수 연봉의 10퍼센트). 최종 초청 선수 24명 중 가장 많은 선수를 확보한 에이전트에게는 별도의 인센티브(연맹 부담)를 최대 5퍼센트까지 지급한다. 프로 배구와 달리 프로 농구에서는 아직 에이전트 중개 수수료에 관한 규정이 없다.

선수의 연봉이 급격히 올라가는 이유는 단순히 선수의 시장가치가 올랐기 때문일 수도 있지만, 리그의 전체 수입이 늘었기 때문이기도 하다. 북미 리그의 경우 단체 교섭권을 가진 선수협의회와 구단주로 이루어진 리그운영위원회가 선수와 구단을 대표해 단체 협상 합의 Collective Bargaining Agreement를 한다. 이 과정에서 리그 전체의 수익을 구단주들과 선수들이 공정하게 분배할 수 있는 시스템이 만들어졌는데, 이것이 선수들의 연봉을 상승시킨 주요 요인 중 하나다.

2016년에는 미국 프로 농구인 NBA에서 자유 선수의 이적이 큰 화제가 되었다. 그 이유는 이들의 연봉 계약이 상상을 초월할 만큼 엄청난 규모였기 때문이다. 실제로 2014년 NBA는 ESPN과 터너 방송사와 9년 동안 240억 달러(약 26조 4,000억 원)에 이르는 초대형 방송 계약을 체결했다. NBA 선수협과 리그운영위원회에서 규정한 대로 리그 전체 수입에서 구단에 공평하게 지급되고, 구단 전체 수입의 일정 비율은 선수 연봉으로 지출되어야 하는데 이런 규정으로 혜택을 보는 것은 정상급 선수들뿐이다. 특히 2016년 자유 계약 선수에게만 지불한 연봉의 총액이 350억 달러(약 3조 8,500억 원)에 이르고, 구단이 선수 연봉으로 지급해야 할 총 예산이 2015년 7,000만 달러(770억 원)에서 2016년 9,400만 달러(약 1,000억 원)로 높아져 선수들에게 2,400만 달러(264억 원)의 추가 예산이 생겨났다. 결국 '미디어 대박'의 직접적인 혜택을 본 것은 정상급 FA 선수들이었다고 할 수 있다.

4

프로 스포츠
선수 시장

한국 프로 스포츠 구단이나 협회에 몸담고 있는 여러 관계자를 만나 인터뷰한 결과, 많은 이가 에이전트 제도의 도입을 적극적으로 반기지 않는다는 인상을 받았다. 스포츠 에이전트 제도의 도입을 반대하는 이유에는 여러 가지가 있었다. 그중에서도 가장 많이 나온 답변은 "아직은 시기상조다, 시장이 작다", "에이전트의 도움이 필요한 선수는 극히 일부이다" 등이었다. 이러한 의견은 선수와 많이 접하면서 보고 느낀 그들의 경험에서 나왔을 것이라고 추측한다. 하지만 안타깝게도 그 이유를 묻자 명쾌한 근거를 제시하지는 못했다. 이런 의문을 해소하고자 '한국의 프로 스포츠 시장에서 에이전트 시장이 과연 존재할까?' 그렇다면 '그 규모는 얼마나 될까?', '에이전트를 원하는 선수가 극히 일부일까?'에 대해 조사를 했다. 에이전트가 주요 시장으로 인식하는 프로 야구(KBO 리그), 프로 축구(K리그 클래식, K리그 챌린지), 프로 배구(V리그), 프로 농구 등 프로 스포츠 리그와 더불어 KPGA, KLPGA 등 개인 종목 프로 스포츠 시장을 살펴보았다.

스포츠 에이전트 제도가 도입되면 핵심 시장으로 인식되는 분야는 '4대 프로 스포츠 리그'라고 불리는 프로 야구, 프로 축구, 프로 농구, 프로 배구 시장이다. 2016년 기준으로 4대 프로 스포츠 리그에 구단 총 62개, 소속 선수 총 1,664명이 등록되어 있다. 프로 야구 신인과 외국인 선수를 제외한 526명의 연봉 총액은 665억 6,800만 원이며, 평균 연봉은 1억 2,656만 원이다. 억대 연봉자는 148명이며, 한화 이글스 소속 김태균은 16억 원으로 현재 프로 스포츠 연봉자로 기록되어 있다.[25] 프로 축구 1부 리그인 K리그 클래식이 1억 4,830만 8,000원으로 4대 프로 스포츠 리그 중 최고 평균 연봉을 기록하고 있으며, 2부 리그인 K리그 챌린지는 4,945만 3,000원으로 최저 평균 연봉을 기록하고 있다.[26] K리그 전체에서 국내 선수 최고 연봉은 전북 현대 모터스 이동국(11억 1,256만 원)이다. 프로 축구 신인 선수 중 B급 계약자 전원과 클럽 유스 우선 지명권자의 일부는 최저 연봉을 받고 있는데 2,000만 원 선이다.

프로 배구는 2016~2017년 통계자료를 보면 남자부는 7개 구단에 총 96명의 선수가 등록을 완료했다. 구단별로 OK저축은행 14명, 현대캐피탈 13명, 삼성화재 13명, 대한항공 15명, 한국전력 14명, KB손해보험 14명, 우리카드 13명으로 집계되었다. 남자부 구단별 평균 등록 선수 인원은 14명이며, 평균 연봉은 1억 2,620만 원이다. 최고 연봉자는 대한항공 한선수(5억 원)이다. 여자부에는 6개 구단 총 83명의 선수가 등록을 완료했고, 구단별로 현대건설 14명, IBK기업은행 13명, 흥국생명 14명, GS칼텍스 15명, 한국도로공사 14명, KGC인삼공사 13명으로 집계되었다. 여자부 구단별 평균 등록 선수 인원은 14명이며, 평균 연봉은 7,440만 원이고, 최고 연봉자는 현대건설 소속 양효진(3억 원)이다.[27]

프로 농구 KBL 소속 154명의 총 연봉은 207억 8,355만 4,000원이고, 1인당 평균 1억 3,495만 8,000원이다. 울산모비스 양동근이 7억 5,000만 원의 보수 계약을 맺으며 최고 연봉자가 되었다.[28] 2015~2016 시즌 기준 WKBL 소속 83명의 총 연봉은 66억 6,878만 3,000원이고, 평균 연봉은 약 8,034만 7,000원이다.[29]

4대 리그 전체에서 최고, 최저 연봉은 대략 80배 차이가 난다. 에이전트는 FA 등 고액 연봉자 선수에게 부가가치를 줄 수 있는 전략을 찾아야 하며 동시에 신인 선수와 후보 선수 등 저연봉자 선수에게는 연봉 인상의 근거가 될 수 있는 지표를 논리적으로 제시해 몸값을 제대로 받을 수 있도록 방안을 함께 고민해야 한다. 점점 커가는 1, 2군 선수의 연봉 격차는 선수뿐만 아니라 구단이나 협회 관계자도 심각하게 걱정하고 있지만, 아직까지 이렇다 할 뾰족한 대책은 나오지 않고 있다.

• 프로 스포츠 리그 내국인 선수와 연봉 현황(2016년 기준)

	프로 야구 (KBO 리그)	프로 축구(K리그)		프로 배구(V리그)		프로 농구		총계
		클래식	챌린지	남자부	여자부	KBL	WKBL	
구단 수(개)	10	12	11	7	6	10	6	62
총 등록 내국인 선수(명)	616	364	268	96	83	154	83	1,664
총 연봉 (천 원)	66,568, 000	53,984, 353	13,253, 436	12,115,200	6,175, 200	20,783, 554	6,668,783	179,548,526
평균 연봉 (천 원)	126,560	148, 309	49,453	126,200	74,400	134,958	80,346	105,747 (평균)
최고 연봉 (천 원)	1,600,000	1,112,560		500,000	300,000	830,000	300,000	1,600,000 (최대값)
최저 연봉 (천 원)	27,000	20,000		24,000		30,000		20,000 (최소값)

※평균 · 최고 · 최저 연봉은 외국인 선수, 프로 야구 신고 선수, 프로 배구 수련 선수를 제외함.
※프로 배구(남자부, 여자부)와 KBL은 2016~2017 시즌 기준, WKBL은 2015~2016 시즌 기준으로 작성.

외국인 선수의 연봉은?

프로 스포츠 리그는 경기의 질적 향상과 경기의 묘미를 높이기 위해 외국인 선수를 영입해 구단을 운영하고 있다. 종목에 따라 다르긴 하지만 일부 종목에서는 외국인 선수에게 지나치게 의존해 팬들의 비난을 받기도 한다. 하지만 프로 야구에서는 일부 외국인 선수가 꾸준하게 출중한 활약을 펼쳐 오히려 팬들의 열렬한 지지와 환호를 받기도 한다.

외국인 선수의 영입 방법이나 규정은 리그에 따라 천차만별이기 때문에 자세히 살펴볼 필요가 있다. 외국인 선수의 영입은 구단에서

자유롭게 스카우트를 파견해 영입하는 방법과, 프로 농구(KBL, WKBL)나 V
리그(남자부, 여자부)와 같이 외국인 선수 영입을 위해 별도의 드래프
트를 시행하는 방법이 있다. KBL의 2016~2017 시즌은, 외국인 선
수 드래프트 제도에 따라 구단별로 외국인 선수 2명을 보유할 수 있
다. 그중 1명은 193센티미터 이하를 선발하도록 신장 제한을 두었
다. 출전 방식은 1~3라운드의 경우 1, 4쿼터에는 외국인 선수 1명을
2, 3쿼터에는 2명을 기용할 수 있도록 규정했다. 4라운드 이후부터
는 4쿼터에 1명만 뛰도록 하고 대신 1, 3쿼터에는 2명이 동시에 뛸
수 있는 2개 쿼터를 구단이 자율적으로 정할 수 있도록 규정을 변경했
다. 연봉은 7개월 동안 월별로 지급되는데 1라운드 지명 선수는 3만 달
러, 2라운드 지명 선수는 2만 달러를 세금 공제 후 지급 받는다. 재계약
선수는 전년도 연봉 대비 10퍼센트 증가된 금액을 받는다(단, 전년도 2라
운드에 선발된 외국인 선수가 재계약할 경우 1라운드 지명 선수의 월급인 3만 달러
를 받는다). 구단은 같은 외국인 선수를 최대 3년 동안 보유할 수 있다.
WKBL은 지난 시즌 정규 리그 성적 역순으로 1그룹(6위 KDB생명, 5위 신
한은행, 4위 삼성생명)이 추첨 바구니에 30개(6위), 20개(5위), 10개(4위),
총 60개의 구슬을 넣고 구슬을 뽑아 순위(1~3위)를 결정한다.[30] 또한,
2016~2017 시즌에 활약한 외국인 선수 중 구단별로 1명에 한해 재
계약이 가능하며, 재계약한 구단은 드래프트에서 1라운드 선발권을
행사한 것으로 간주한다. 재계약은 최대 2시즌까지 연장 가능하다.[31]
　V리그 남자부 외국인 선수 트라이아웃은 국적과 나이, 포지션에 제
한이 없으며, 계약 기간은 1시즌이다. 연봉은 지명되는 선수 7명 모

두 선수당 30만 달러(부가세 미포함)이고, 각 구단은 옵션 사항으로 챔피언 결정전 우승 3만 달러, 정규 리그 우승 2만 달러, 플레이오프 진출 1만 달러, 출전 승리 수당 1,000달러 등 각종 수당을 규정해 7개 구단이 선수들에게 동일하게 지급하도록 했다. 트라이아웃은 최초 참가 신청자 중 최종 심사(프로필과 동영상)를 통과한 초청 선수 24명을 대상으로 진행되며, 각 구단이 선발한 선수의 계약 기간은 8월부터 이듬해 3월까지(8개월)다. 외국인 선수 선발 인원은 각 구단별로 1명으로, 선발 방식은 전년 성적 역순의 차등 확률 추첨제(전체 구슬 140개 중 7위 35개, 6위 30개, 5위 25개, 4위 20개, 3위 15개, 2위 10개, 1위 5개)로 한다.[32]

V리그 여자부는 2015년까지 외국인 선수 트라이아웃을 미국 국적 선수로 한정했는데, 2016년부터 북중미배구협회NORCECA 회원국 중 상위 6개국(FIVB 세계 랭킹 30위 이내)인 미국, 도미니카공화국, 푸에르토리코, 캐나다, 쿠바, 멕시코로 확대했다. 26세 이하인 선수만(해외 리그 경력 무관)을 모집하며 포지션은 레프트, 라이트, 센터 등 공격수로 한정한다. 연봉은 15만 달러로 고정이며, 재계약 선수의 경우 15만 달러를 받던 선수는 18만 달러, 12만 달러를 받던 선수는 15~17만 달러를 받도록 했다. 각 구단은 옵션 사항으로 승리 수당 300~1,000달러, 우승 시 1만 달러, 준우승 시 5,000달러를 상여금으로 지급하며, 이 외에도 후생복지를 위해 왕복 항공권(본인과 가족 2인 각 1회)과 주택을 제공한다. 트라이아웃은 최초 참가 신청자 중 1차 서류심사(프로필과 동영상 등)를 통과한 선발자 24명과 2015~2016 시즌 V리그에

참가한 외국인 선수 중 희망자를 대상으로 진행된다. 각 구단이 선발한 선수의 계약 기간은 8월부터 이듬해 3월까지(8개월)다. 트라이아웃으로 계약한 선수는 1시즌에 한해 재계약이 가능하며, 시즌 중 대체 선수가 필요할 경우 참가 선수 중 계약이 가능한 선수에 한해 마지막 라운드 시작 전까지 1회 교체가 가능하다. 외국인 선수 선발 인원은 구단별로 각 1명으로, 선발 방식은 전년 성적 역순의 차등 확률 추첨제(전체 구슬 120개 중 6위 30개, 5위 26개, 4위 22개, 3위 18개, 2위 14개, 1위 10개)로 선발한다.[33]

• **각 프로 리그별 외국인 선수 연봉 총액 현황**

리그 명칭		외국인 선수(명)	연봉 · 총액(천 원)
KBO		31	24,113,758
K리그(클래식, 챌린지)		61	15,723,552
KBL		20	683,280
WKBL		12	341,310
프로 배구 (V리그)	남자부	7	2,391,480
	여자부	6	1,030,950

※ 1달러를 1,139.80원으로 계산(2016년 7월 14일 기준 환율 적용).
※ 기본 연봉 이외 옵션 제외.

신인 선수의 연봉은?

프로 진출을 앞둔 A대학 배구 선수는 "에이전트가 딱히 필요 없을 것 같다. 고연봉을 받는 일부 선수나, 해외 리그에 진출하는 선수를 제외하면 에이전트에 관심이 없을 것 같다"고 말했다. 또 "신인 선수가 에이전트를 고용한 채 입단한다는 것 자체가 눈치 보이는 일이다. 구단에게 밉보일지 모른다"고 덧붙이면서 큰 기대를 보이지 않았다. 또 다른 대학 선수가 "에이전트 제도가 활성화된다면, 프로구단에 입단한 후 5년 차 이상 고참이 되었을 때 고용할 수 있을 것 같다"고 비슷하게 대답한 것으로 볼 때, 에이전트 고용에 대한 아마추어 선수들의 심리적 부담은 무척 커 보였다. 현재 프로 농구 선수로 활약하고 있는 한 선수는 "서장훈, 현주엽, 이상민 같은 농구계 스타급 대선배들이 에이전트를 고용한 전례가 있었다면 지금 후배 선수들에게 에이전트에 대해 좋은 영향을 끼쳤을 것 같다. 하지만 그런 사례가 없기 때문에 언제, 어떤 선수가 어떻게 에이전트와 만나서 계약을 맺기 시작하는지 선수들도 상당히 궁금해한다"고 말했다. 선배 선수들이 솔선수범해 구단의 눈치를 보지 않고 에이전트를 고용하는 분위기가 정착되지 않는 한 에이전트 제도가 활성화되기는 쉽지 않아 보인다.

에이전트 제도의 활성화를 위해서 필요한 것은 바로 신인 선수의 일정한 연봉 수준이다. 프로 스포츠는 리그별로 신인 계약금과 연봉에 차이를 보인다. 프로 야구(KBO 리그)는 신인 계약금에 제한이 없으며, 연봉은 지명 순위에 상관없이 2,700만 원인데, 이 정도 연봉으로는 에이전트의 관심을 끄는데 한계가 있어 보인다.[34]

프로 축구(K리그 클래식, 챌린지)는 K리그 규정 제2장 14조에 따라 2016년부터 자유 선발과 우선 지명을 통해 신인 선수를 선발한다. K리그 규정 제2장 14조 2항에 따르면 연봉은 기본급과 수당(출전급, 승리급, 출전 승리급)을 모두 합한 것으로, 수당은 클럽과 선수 간의 자율적인 합의로 정할 수 있으며 연봉은 매년 또는 다년 계약이 가능하다. 프로 선수로서 최초로 계약할 경우에는 계약 기간 동안 매년 기본급을 조정할 수 있다. 조정 금액은 전년도 기본급의 100퍼센트를 초과할 수 없으며(단, 프로 최초 계약을 3년 이상으로 한 선수는 2년이 경과한 후에 종전의 계약 내용을 변경하여 재계약할 수 있다), 최저 기본급은 2,000만 원으로 한다. 계약 기간과 기본급은 K리그 규정 제2장 14조 3항에 따른다.

K리그 규정 제2장 14조 4항에 따르면, 우선 지명 선수를 제외하고 2016년부터 입단하는 모든 신인 선수는 자유 선발로 뽑는다. 같은 조 5항에 따라 우선 지명을 시행할 수 있는데, 각 클럽은 규정 '유소년 클럽 시스템 운영 세칙' 제5조에 의거해 산하 클럽 시스템 출신 선수에 한해 우선 지명할 수 있으며, 우선 지명 선수 명단을 매년 9월 말까지 연맹에 서면 통보해야 한다. 계약금은 최고 1억 5,000만 원, 계약 기간 5년, 기본급 3,600만 원으로 하며, 계약금 미지급 선수는 계약 기간 3~5년, 기본급 2,000~3,600만 원으로 한다.[35]

• K리그 자유 선발과 우선 지명의 계약 기간, 기본급 현황

구분	등급	인원(명)	계약 기간(년)	최고 계약금 (천 원)	기본급 연액 (천 원)
자유 선발	S	3	5	150,000	36,000
	A	무제한	3~5	미지급	24,000~36,000
	B		1	미지급	20,000
우선 지명		무제한	5	150,000	36,000
			3~5	미지급	20,000~36,000

프로 배구(V리그)는 드래프트를 통해 신인 선수를 선발하며, 지명 순위와 라운드별로 계약금이 다르다. 우선 남자 배구 1라운드 지명 자는 최소 1억 원에서 최대 1억 5,000만 원을, 2라운드 지명자는 순위별로 최소 3,500만 원에서 최대 8,500만 원을 받으며, 3라운드 지명자는 1,500만 원을 받는다. 4라운드 이하 지명자와 수련 선수는 계약금이 없다. 선수 연봉은 수련 선수(2,400만 원)를 제외하면 3,000만 원으로 동일하다. 여자 배구는 계약금 없이 지명 순위에 따라 연봉을 차등으로 책정하며, 1라운드 최소 4,000만 원, 최대 5,000만 원, 2라운드 최소 3,000만 원, 최대 4,000만 원, 3라운드 최소 2,400만 원, 최대 3,000만 원, 4라운드 이하 지명자는 2,400만 원을 받는다. 수련

• 프로 배구 신인 선수 제도 현황

구분	입단 금액		연봉(천 원)
	순위	금액(천 원)	
1R	1~2	150,000	30,000
	3~4	130,000	
	5~6	110,000	
	7	100,000	
2R	1~2	85,000	30,000
	3~4	65,000	
	5~6	45,000	
	7	35,000	
3R	전체	15,000	30,000
4R 이하	전체	~	30,000
수련 선수	전체	~	24,000

선수는 1,500만 원을 받는다.[36]

프로 농구[KBL]는 드래프트를 통해 신인 선수를 선발하며, 계약금은 없고 지명 순위별로 차등화된 연봉을 지급한다. 1라운드 1~4위는 최소 7,000만 원에서 최대 1억 원, 5~10위는 최소 5,000만 원에서 최대 7,000만 원을 지급받고, 2라운드 지명자는 최소 4,000만 원에서 최대 5,000만 원을 받는다. 3라운드 이후 지명자는 3,000만 원이다. 여자 프로 농구도 드래프트 제도를 채택한다. 계약금은 없으며, 신인에게 줄 수 있는 연봉은 다른 리그와 달리 최대 3억 원으로 비교적 높다.

• 프로 농구(KBL, WKBL) 신인 선수 지명 방식과 보수 현황

종목		지명 형식	계약금	연봉
프로 농구	KBL	드래프트	X	1라운드 1~4위 : 7,000만~1억 원 1라운드 5~10위 : 5,000~7,000만 원 2라운드 : 4,000~5,000만 원 3라운드 이하 : 3,000만 원
	WKBL		X	최대 3억 원

일반 근로자와 프로 야구 선수의 보수 비교

일반 근로자와 비교할 때 프로 선수들은 비교적 짧은 기간 동안 선수로 활동하기 때문에 그동안 수입을 최대한 올려야 한다. 또한 프로 선수는 일반 근로자에 비해 수입이 높은 편이지만 부상이나 실력 저하 등의 이유로 활동 기간이 제한되어 있기 때문에 이 기간 동안 금전적으로 최대한의 수익을 창출해야 한다. 특수한 근로 형태를 보이는 프로 선수의 기대 수입을 일반 근로자와 비교해보자.

일반인과 프로 스포츠 선수의 보수 차이를 분석하기 위해 각 기관에 현황이 명시되어 있는 2007~2015년 정규직 근로자의 근속 기간[37]과 보수,[38] 프로 야구(KBO 리그) 선수의 근속 기간과 보수[39]를 비교해보았다. 단, 근속 기간의 비교는 상대적으로 정년이 특정된 근로자는 55~64세를 기준으로, 정년이 특정되지 않은 프로 야구 선수는 전 선수를 기준으로 비교했다. 프로 야구 선수의 근속 연수를 55~64세 일반 근로자와 비교하면 다음과 같다. 일반 근로자는 2007년에 평균 근속 기간이 17년 정도였지만, 2010년 이후부터는 조금씩 줄어들어 2015년에는 14.8년으로 나타났다. 같은 기간 프로 야구 선수의 평균 근속 기간은 오히려 늘어났다. 2007년에 약 6.8년이었지만 2015년에는 8.3년이 되었다.

• 55~64세 근로자와 프로 야구 선수의 평균 근속 기간 비교

분야/년도	근속 기간(년, 소수점 첫째 자리 반올림)								
	2007	2008	2009	2010	2011	2012	2013	2014	2015
정규직 근로자	17	17	17	16.4	16.5	16.3	15.8	15.3	14.8
프로 야구 선수	6.8	7	7.3	7.2	7.5	7.8	7.8	8.7	8.3

정규직 근로자의 연봉은 지금까지 꾸준히 증가하는 추세를 보였다. 2007년 2,900만 원을 조금 넘었던 것이 2015년에는 3,800만 원

을 웃돌았다. 프로 야구 선수의 평균 연봉 역시 2007년도에 8,400만 원 정도였다가 2015년에는 1억 원을 돌파해 약 1억 1,200만 원으로 나타났다. 특히 주목할 만한 것은 상위권에 속한 선수들의 연봉 증가 폭이 매우 크다는 것이다. KIA 타이거즈와 4년간 계약금 40억 원, 연봉 15억 원으로 총 100억 원을 받고 계약한 최형우 선수, 4년간 85억 원에 계약한 SK·와이번스의 김광현 선수, 4년 65억 원에 계약한 삼성 라이온즈의 우규민 선수 등 일명 'FA 연봉 대박'을 터트린 선수들은 많은 선수의 동경의 대상이 된다.

• **정규직 근로자와 프로 야구 선수의 연도별 평균 연봉 비교**

분야 /연도	연봉(천 원)								
	2007	2008	2009	2010	2011	2012	2013	2014	2015
정규직 근로자	29,219	30,824	31,272	32,132	33,772	34,827	35,814	37,805	38,318
프로 야구 국내 선수	84,720	79,720	84,170	86,870	87,040	94,410	95,170	106,380	112,470

구단별 상위 26~27명(1군 엔트리 수에 따라 결정하며 상위 연봉자로 통칭함)과 하위 연봉자의 3년간 평균 연봉을 비교해보았을 때, 상위 연봉자 평균은 1억 원 후반대에서 2억 원 초반대를 형성하지만 하위 연봉자 평균은 3,000만 원대를 유지하고 있다. 비#주전 선수나 유망주, 2군 선수로 구성된 하위 연봉 선수가 전체 선수의 50퍼센트가 넘는데, 이들은 최저 연봉인 2,700만 원을 조금 넘는 3,200만 원 정도의

보수를 받고 있다.

• 프로 야구 총 등록 선수, 상위 연봉자, 하위 연봉자 선수 평균 연봉

평균 연봉 연도	연봉(천 원)		
	2014	2015	2016
총 등록 선수 평균	106,380	112,470	126,555
상위 연봉자 평균	184,320	193,250	216,200
하위 연봉자 평균	31,334	34,006	32,008
최저 연봉	24,000	27,000	27,000

※상위 연봉자는 구단과 1군 엔트리 선수에 따라 결정되며, 2015~2016년은 10개 구단 상위 27명(총 270명), 2014년은 9개 구단 상위 26명(총 234명)으로 산정.
※하위 연봉자는 총 등록 선수의 연봉 규모 총액에서 상위 연봉자의 연봉 규모 총액을 감산해 이를 하위 연봉자 수로 나누어 계산.

　　연도별 평균 연봉과 평균 근속 기간을 곱해, 이를 기준으로 선수로서 활동 기간 동안의 기대 소득을 추정했다. 아울러 현금 가치의 변동을 없애기 위해, 해당 연도와 2015년 기준 소비자물가지수[40]의 비율을 곱해 정규직 근로자와 프로 야구 국내 선수의 평균 연봉, 프로 야구 소비자물가지수를 반영해 계산했다.

• 연도별 소비자물가지수

도시별	품목별	2007	2008	2009	2010	2011	2012	2013	2014	2015
전 도시	총 지수	90	95	97	100	104	106	107	109	109

　　다음 표와 같이 프로 야구 선수가 선수로 활동하는 기간 동안 벌어

들일 수 있는 기대 소득 평균은 2007년부터 2015년까지 7억 원에서 9억 3,000만 원으로 약 30퍼센트 증가했다. 일반 정규직 근로자들의 2015년 기대 소득 평균은 약 5억 6,700만 원으로 프로 야구 선수에 비해 상당히 적어 보인다. 하지만 최저 연봉을 받는 선수들은 선수 활동 기간 동안 벌어들일 수 있는 기대 소득이 2015년 기준 약 2억 2,400만 원 밖에 되지 않는다.

2016년 대한야구협회에 등록된 선수는 초등학생 1,652명, 중학생 2,881명, 고등학생 2,553명, 대학생 1,046명(실업팀의 경우 국군체육부대 18명)으로 총 8,150명이다. 이 중에서 프로로 데뷔하는 것은 매년 약 110명 정도에 그친다. 유소년 시절부터 프로 야구 선수가 되기 위해 '야구 인생'을 살아왔어도 프로로 데뷔하는 것은 쉽지 않다. 극히 일부만 프로 선수가 된다. 대부분 20대 초반인 신인 선수들은 꿈꾸던 프로 선수가 되어 사회생활을 시작한다는 사실만으로도 커다란 자부심을 느낀다. 하지만 힘든 훈련과 온갖 부상을 견디며 지내온 십수 년의 결과는 수억 원을 받는 특 A급 선수를 제외하고는 참담하다. 최저 연봉 2,700만 원을 받고 한 시즌을 지내야 한다. 일부 FA 계약을 제외하고는 대부분 1년 단위로 계약을 갱신하는 일종의 '계약직 선수' 생활을 해야 한다.

물론 1982년 600만 원으로 시작해 2016년에는 최저 연봉이 2,700만 원으로 상승했으며, 연봉 외에 계약금 명목으로 거액을 받기도 한다. 하지만 선수로 활동할 수 있는 기간이 한정된 탓에 대부분은 불안정한 고용을 감수해야만 한다. 최저 연봉을 높이기 위해서는 우선 선수협의회의 적극적인 지원이 필요하지만, 동시에 합리적인 연봉을 받을 수 있도록 에이전트를 통한 계약을 장려할 필요가 있다.

- 연도별 정규직 근로자와 프로 야구 선수의 근속 기간에 따른 기대 소득 추정액

분야 /연도	연봉(천 원)								
	2007	2008	2009	2010	2011	2012	2013	2014	2015
정규직 근로자	601,587	601,230	597,392	574,392	584,028	583,747	576,438	578,417	567,106
	(496,723)	(524,008)	(531,624)	(526,965)	(557,238)	(567,680)	(565,861)	(578,417)	(567,106)
프로 야구 국내 선수	697,716	640,277	690,454	681,756	684,185	757,239	756,201	925,506	933,501
	(576,096)	(558,040)	(614,441)	(625,464)	(652,800)	(736,398)	(742,326)	(925,506)	(933,501)
프로 야구 최저 연봉	164,711	160,632	164,062	188,352	188,654	192,498	190,699	208,800	224,100
	(136,000)	(140,000)	(146,000)	(172,800)	(180,000)	(187,200)	(187,200)	(208,800)	(224,100)

※ 각 분야의 상단에는 소비자물가지수를 반영해, 이를 토대로 추정한 액수를 명시함.
※ 각 분야의 하단에는 소비자물가지수를 반영하지 않은 원 추정액을 명시함.

에이전트 제도의 도입이 활성화되려면 신인 선수와 저연봉 선수에게도 혜택을 주는 다양한 대책이 필요한데, 일본 프로 야구를 좋은 선례로 삼을 수 있다. 일본 프로 야구에서는 연봉 수준을 6단계로 나누어 연봉에 따라 수수료 상한선을 정해놓았다. 대략 연봉의 1~2퍼센트 정도에서 결정된다. 연봉이 600만 엔 미만이면 에이전트의 기본 보수액이 10만 엔(약 0.5퍼센트 전후)을 넘지 않도록 해서 신인 선수와 저연봉 선수를 배려하고 있다.[41]

5

프로 스포츠 시장의
외형적 성장과 발전

　　그동안 에이전트 제도의 도입에 불편한 입장을 고수하던 일부 프로구단이 제시한 근거와 명분은 바로 '시기상조'라는 것이었다. 극히 일부 구단을 제외하고는 모기업에서 자립적인 운영이 불가능하기 때문에 행여나 구단에 재정적 부담이 될 수 있는 에이전트 제도에 대한 논의를 꺼려왔다.

　스포츠 산업의 외형적인 성장과 발전에 지나치게 의존한 나머지 승부 조작 등 대형 사건이 터질 때마다 이에 대응하는 제도적, 절차상의 노련미는 선진국에 비해 많이 미흡했다. 2011년 프로 축구에 이어 2012년에는 프로 야구와 프로 배구 선수들이, 2015년에는 프로 농구 선수와 감독이 승부 조작에 가담했다는 뉴스가 들려왔다. 스포츠 산업에서 품격을 찾아보기 어렵게 된 것이다. 특히 프로 야구 사상 최초로 관중이 800만 명을 돌파한 2016년 또다시 불거진 프로 야구 선수의 승부 조작 사건은 너무도 실망스럽다. 한국 스포츠 산업이 다음 단계로 도약하기 위해서는 초심으로 돌아가 스포츠 산업의 외형적 성장뿐만 아니라 제도적, 절차상 성숙에 대해 진지하게 고민할 때가 되지 않았나 생각한다.

프로 스포츠 시장은 리그에 따라 발전 속도는 다르지만 프로 야구를 중심으로 꾸준히 성장하고 있다. 프로 야구는 국가 대표팀이 2008년 베이징 올림픽에서 금메달을 따고, 이듬해인 2009년 WBC에서 준우승을 하면서 팬들의 관심이 급격히 높아졌다. 이와 비슷한 시기인 2011년부터 프로 야구 총 관중 수는 600만 명을 넘어섰고, 2016년에는 프로 야구 출범 이후 처음으로 '누적 관중 800만 명 돌파'라는 진기록을 세웠다. 이러한 인기를 바탕으로 프로 야구의 타이틀 스폰서 가격은 해를 거듭할수록 상승하고 있다. 유진투자증권(2015년)과 같이 구단을 보유하지 않은 업체가 타이틀 스폰서로 선정된 것은 2009년 이후의 일이다. 이 시점부터 타이틀 스폰서 가격은 상승하기 시작했다. 특히 2011년(롯데카드), 2012~2014년(한국야쿠르트)가 타이틀 스폰서로 선정된 이후 스폰서 금액은 약 65억 원까지 상승했다. 프로 야구의 인기가 높아지면서, 광고 효과 또한 증가했기 때문이다. 2014년 한국야쿠르트는 65억 원 수준의 스폰서 비용을 지출했으며, 광고 효과는 1,160억 원을 얻은 것으로 판단되는 등 타이틀 스폰서 역시 단순히 비용을 지원한다는 의미가 아니라 경제성을 확보하기 시작했다.

연도	타이틀 스폰서	스폰서 금액(억 원)	광고 효과(억 원)
2010	CJ인터넷	40	831
2011	롯데카드	50	788
2012	팔도	65	1,140
2013	한국야쿠르트	65	1,178
2014	한국야쿠르트	65	1,160
2015	타이어뱅크	67	∼
2016	타이어뱅크	67	∼
2017	타이어뱅크	67	∼

※ 스폰서 금액은 공식 금액이 아니며, 「스포츠조선」의 추정치임.[43]
※ 2015년 광고 효과는 한국야구위원회(KBO)의 공식 발표가 없었음.

특히, 2015년부터 3년간 연간 67억 원 수준의 KBO 리그 타이틀 스폰서 계약을 한 타이어뱅크는 연매출이 3,000억 원으로, 프로 야구 타이틀 스폰서 기업 중 최초의 중견기업이다. 타이틀 스폰서 기업의 규모와 종류가 구단의 모기업이나 대기업에서 중견기업으로 다양하게 확장되고 있다는 것으로 미루어 볼 때 그만큼 더 많은 기업이 스폰서십에 관심을 보였음을 의미한다. 스폰서십 계약은 잠재력도 크기 때문에 앞으로 지금보다 많은 기업이 다양한 방식의 스폰서십 계약을 체결할 것이다.

• **4대 프로 스포츠 타이틀 스폰서 금액 추정치**[44]

프로 스포츠	타이틀 스폰서	스폰서 금액(억 원)	타이틀 스폰서 기간
프로 야구	타이어뱅크	67	2015~2017년
프로 축구	현대오일뱅크	40	2011~2016년
프로 농구	KCC	30	2014~2015년
프로 배구	NH농협	25	2007~2015년

프로 야구가 다양한 기업의 눈길을 끌고 있다면, 프로 축구와 프로 배구는 장기적인 타이틀 스폰서십을 구축해 안정감을 주는 형태이다. 프로 축구는 현대오일뱅크가 2011년부터 6년 연속 K리그 타이틀 스폰서 자리를 지키며 한국 축구 발전의 저변 확대에 힘쓰고 있다. 현대오일뱅크는 최상위 리그인 K리그 클래식뿐만 아니라, 2부 리그 격인 K리그 챌린지, 4년 만에 부활한 R리그(2군 리그)까지 타이틀 스폰서로 후원하고 있어 하나은행과 마찬가지로 국내 축구 발전에 크게 기여하고 있다는 평가를 받고 있다. K리그 클래식을 후원하지는 않지만, K리그 올스타전, FA컵, 국가 대표 친선 경기 등 1998년부터 대한축구협회와 관련된 각종 공식 스폰서십 관계를 다져온 하나은행은 2015~2018년 4년간 후원 계약을 연장하면서 '축구 대표팀 후원 20주년 기념행사'를 개최할 정도로 축구 후원 기업의 이미지를 확고히 했다.

프로 배구는, NH농협이 2007~2008 시즌부터 9시즌 연속 타이틀 스폰서로 나서며 국내 프로 스포츠 리그 사상 최장 기간의 스폰서로 이름을 올리고 있다. 프로 농구는 1997~1998 시즌 타이틀 스폰서였던 휠라코리아와 2011~2012 시즌부터 3시즌 동안 타이틀 스폰서였던 KB국민카드를 제외하고 현대전자(前 대전 현대 걸리버스), 삼성전자(서울 삼성 썬더스), 현대모비스(울산 모비스 피버스), SK텔레콤(서울 SK 나이츠), 동부화재(원주 동부 프로미), 그리고 현재 타이틀 스폰서인 KCC(전주 KCC 이지스) 등 각 구단의 모기업이 타이틀 스폰서로 이름을 올리고 있다. 구단의 모기업이 타이틀 스폰서로 활약함으로써 리그 운영에 안정감을 주는 것은 긍정적이지만 구단과 직접적인 이해관계가 없는 기업들의 자발적인 스폰서십 참여 부족은 안타까운 부분이다.

프로 스포츠 구단의 수익 구조 다변화

국내 프로 스포츠 리그가 정부의 주도로 대기업의 지원을 받아 이루어졌다는 사실은 이미 잘 알려져 있으며 다른 나라와 비교해도 특이하다. 유럽 축구 리그나 북미의 프로 스포츠 리그는 억만장자 개인이나 몇몇 개인 투자자가 구단을 소유하고 있다. 일부 구단은 시민 구단의 형태로 운영되기도 한다. 하지만 국내 프로구단은 대기업에서 시작되었고, '기업 홍보' 명분으로 운영되었다. 모기업의 규모가 커지고 글로벌 기업으로 위상을 지니게 되면서 구단을 운영하는 것은 '기업 홍보'에서 한 걸음 나아가 '기업의 사회적 공헌'이라는 새로운 캐치프레이즈로 변화하고 있다. 이런 이유로 극히 일부를 제외하고 대부분의 구단이 적자 운영에서 벗어나지 못할뿐더러 구단 운영에서 생긴 적자를 '기업의 홍보비용'으로 보전하고 있다.

그런데 최근 몇 년 동안 프로 야구 구단의 운영 형태에 매우 바람직한 현상이 벌어지고 있다. 넥센 히어로즈가 사용하는 한국 최초의 돔구장뿐만 아니라 삼성 라이온즈 파크와 기아 챔피언스 필드 등 새로운 구장이 속속 건설되면서 일명 '허니문 효과'로 수입 증대를 기대할 수 있게 되었다. '허니문 효과'란 신규 경기장이 완공되면 이를 구경하기 위해 경기장을 찾는 관중 수가 급격히 증가하는 현상을 말한다. 또한 SK 와이번스는 SK행복드림경기장의 좌석을 다양한 테마 형태로 개조해 독특하고 개성 있는 스폰서십 상품을 개발했다. 두산 베어스와 LG 트윈스가 사용하는 잠실 경기장은 다양한 스포츠 마케팅 프로모션을 통해 수입 증대를 꾀하고 있다. 한화 이글스는 국내 구단 중 처음으로 2015년 시즌부터 '인증authentication' 상품 판매를 시작했는데, 선수들이 직접 사용한 야구 용품 일부를 온라인으로 판매하는 것이다. 프로 야구 시청률이 오르면서 중계권 가격도 덩달아 치솟았다. 특히 종합편성채널을 통한 주말 경기 중계와 네이버 같은 온라인 중계는 휴대폰을 통한 TV 시청에 익숙해진 많은 팬에게 적잖은 시청 편의를 제공했다.

프로 스포츠 구단 중 감사보고서를 통해 광고 수익을 명시한 프로 야구단 4곳의 수익 내역을 보면 프로구단의 수익 다변화 노력을 엿볼 수 있다. 꾸준한 광고 수입 증가는 구단의 운영에 많은 도움이 되고 있다. 프로 야구단 4곳의 2015년 평균 광고 수입은 약 220억 원으로 나타났다. 광고 수입이 공개된 구단 중 가장 높은 수입을 기록한 삼성 라이온즈를 살펴보면 총 광고 수입 333억 원 중 삼성전자, 삼성생명보험, 삼성화재해상보험 등 주요 계열사와의 거래를 통한 수입이 281억 원으로 전체 광고 수입의 약 84.3퍼센트 수준이다. 하지만 모기업이 삼성전자에서 광고 전문 기업 제일기획으로 바뀐 2016년, 신구장 '대구 삼성 라이온즈 파크' 시대를 개막하면서 자생력 있는 마케팅을 주창하며 마케팅 역량 강화를 꾀하고 있다. 이 점은 장기적으로 삼성 라이온즈의 광고 수입원이 증가해 더 많은 수입을 기록할 것이라고 기대할 수 있다.

모기업의 재정적인 지원 없이 타이틀 스폰서를 포함한 모든 광고 구좌에 타 기업을 유치하고 있는 넥센 히어로즈도 166억 원의 광고 수입을 기록하고 있다. 2016년부터 국내 최초의 돔 구장인 '고척 스카이돔'을 사용하면서 광고와 기업 스폰서십 같은 수입원 증가를 통해 자생력은 앞으로 더욱 높아질 것으로 기대된다. 프로 야구 내 광고 구좌는 주로 홈구장 광고(전광판, 외야 펜스, 내야 펜스, 롤링보드, 파울라인, 덕아웃, 지정석과 통천 광고 등)와 유니폼 광고(헬멧과 모자 측면, 유니폼 상의 가슴 부위, 상의 백넘버 상단, 상의 양 어깨, 하의 측면, 배팅 장갑, 포수 프로텍터 등)로 구분되며 모기업 광고가 주를 이루고 있다.[45] 각 구단의 유니폼, 헬멧 등 주요 구좌는 모기업 중심으로 운영되고 있으며, 계열사의 지원 대가긴 해도 선수들의 유니폼과 헬멧 등은 때로 주력 제품 또는 전략 사업을 홍보하는 공간이기도 한다. 넥센 히어로즈를 제외한 대부분의 구단은 모기업과 계열사 간 광고 거래를 통해 발생한 수입이 큰 비중을 차지한다.

이런 사실에서 우리는 다음의 상황을 유추할 수 있다. 대부분의 구단이 모기업에서 광고비용 형태로 지원을 받으며 아직까지 프로구단 운영에 재정적 구조의 한계를 갖고 있다. 따라서 '자생적 운영'이라는 목표와는 거리가 먼 것이 사실이다. 하지만 동시에 구단이 광고비용으로 지출하는 것 이상의 광고 효과를 누리고 있다는 사실을 간과해서는 안 된다. 만약 구단이 모기업에서 광고비용 형태로 지원을 받지 않는다면 어떤 상황이 벌어질까? 과연 많은 사람이 걱정하고 우려하는 부정적인 일만 발생할까? 물론 10개 구단 모두가 모기업의 지원 없이 타이틀 스폰서십이나 광고 판매를 통해 넥센 히어로즈처럼 독립적인 운영을 할 수 있다고는 생각하지 않는다. 하지만 넥센 히어로즈와 같이, 모기업의 지원 없이 166억 원을 스폰서십과 광고 수입으로 벌어들일 수 있는 구단이 증가할 잠재력이 있음을 부인할 수 없다. 또한 시즌 중에 노출되는 모기업의 로고 시장 가치가 모기업에서 지불하는 광고비용보다 훨씬 큰 가치를 지닌다는 한 프로 야구 구단 관계자의 말은 의미심장하다.

• **2015년 기준 프로 야구단 광고 수입**[46]

구단명	광고 수입(억 원)
삼성 라이온즈	333
NC 다이노스	266
넥센 히어로즈	166
한화 이글스	116

• 프로 야구단별 모기업 광고 현황

구단 명칭	모기업 광고 현황
삼성 라이온즈	삼성물산(빈폴 아웃도어), 삼성전자(갤럭시 S7), 보험(삼성생명, 삼성화재), 아파트(래미안)
KIA 타이거즈	KIA자동차(쏘렌토, 니로 등)
SK 와이번스	SK텔레콤, SK브로드밴드(Btv), SK가스, SK증권
LG 트윈스	LG유플러스, LG전자(G5)
한화 이글스	한화생명, 갤러리아 면세점, 한화테크윈
두산 베어스	두타면세점, 두산중공업, 두산밥캣
롯데 자이언츠	롯데면세점, 롯데리아, 롯데케미칼

하지만 최근 자생력 있는 마케팅을 표방한 구단이 증가하면서 외부 광고 유치 사례가 발생하고 있다. 기존에 두산중공업이나 두산인프라코어가 차지하던 두산 베어스 유니폼 광고 구좌에 2016년 새로이 한국타이어, 룩옵티컬 등 타사 광고가 들어섰고, NC 다이노스는 포수 프로텍터와 덕아웃 등에 참프레 광고가 삽입되었다. 모기업이나 계열사가 없는 넥센 히어로즈는 다양한 광고 구좌에 타이틀 스폰서 넥센 타이어를 비롯해 나이키, 비비큐, 화성시, 메트라이프, 파파존스, 미래엔, 리한 등을 투입하고 있다. SK 와이번스도 2016년에 처음으로 도입한 초대형 전광판 '빅보드'의 측면부를 이용해 광고 구좌 5개를 추가 개설한 바 있는데, 모기업과 계열사 광고는 SK텔레콤이 유일하다. 대신 삼성전자(삼성 노트북 시리즈 9), 미래에셋생명, 현대 프리미엄아울렛, PAYCO 등 타사 브랜드가 자리하고 있다. 한국 프로야구 경기장 광고 시장에 보이지 않는 장벽이 서서히 무너지고 있다

는 사실은 시사하는 바가 크다.

프로 축구는 모기업의 지원을 받는 형태도 있지만, 시민구단의 형태로 운영되는 구단도 있기 때문에 자생력이 더욱 요구된다. 프로 야구에 비해 크지 않은 규모지만, 리그가 발전하면 가파른 성장 폭을 보일 수 있다. 인천 유나이티드, 성남 FC는 2016년 현재 K리그 클래식을 대표하는 시민구단으로, 최대 90억 원의 광고 수입을 올린 것으로 나타났다. 제주 유나이티드는 SK에너지 92억 원, SK하이닉스 50억 원 등 총 142억 원의 광고 수입을 올렸다. 이는 전체 광고 수입의 94퍼센트에 해당하므로 시민구단의 사례에 비해 모기업에 전적으로 의존하는 형태라고 볼 수 있다.

• K리그 클래식 구단의 광고 수입

구단명	구단 형태	광고 수입(억 원)
인천 유나이티드	시민구단	90
성남 FC	시민구단	43
제주 유나이티드	모기업 운영(SK에너지)	151

프로 축구 선수의 광고 시장

축구 선수는 다른 프로 선수에 비해 해외 시장 접근이 쉬워 국내 광고뿐만 아니라 아시아권, 혹은 글로벌 소비자를 대상으로 하는 광고에 섭외되기도 한다. 대표적인 예로는 2002 한일 월드컵 4강 신화를 이끌며 영국 맨체스터 유나이티드, 퀸즈 파크 레인저스, 네덜란드 PSV 아인트호벤 등 유럽 명문구단에서 활약한 박지성이 있다. 박지성은 퀸즈 파크 레인저스 구단의 항공 스폰서인 에어아시아의 CF를 찍기로 계약해, 2015년부터 2년 연속 광고 모델로 활동 중이다. 그는 19편이 넘는 광고에 출연하는 등 축구 선수로서 가장 많이 광고에 출연했다. 이밖에 현재 영국 토트넘 홋스퍼 FC에서 뛰고 있는 손흥민도 과거 소속팀이었던 독일 레버쿠젠의 유니폼 스폰서인 LG전자와 인연을 맺어 LG 울트라 HDTV, LG 휘센 등 LG전자 광고의 공식 모델이 되기도 했다. 아울러 안정환 등 은퇴 선수도 선수 시절의 명성을 업고 현재 해설위원으로, 또는 예능 프로그램 등에서 다방면으로 활동하고 있다. 그는 은퇴 후인 2016년에 롯데 의성마늘 햄, KB차차차 등 2건의 광고 계약을 시행한 이력이 있다.

　프로 선수의 광고 시장이 커지면 커질수록 에이전트의 활동 반경 역시 넓어진다. 에이전트가 고객으로 관리하는 선수의 연봉 대리 계약을 통해 얻을 수 있는 수수료는 규정상 정해져 있다. 앞에서도 말했듯이 NFL은 최대 3퍼센트를 넘지 못하고, NBA는 4퍼센트 상한선을 두고 있다. MLB는 5퍼센트 이상의 수수료를 지급할 수 없도록 선수협의회에서 정해놓았다. 유럽 축구는 북미스포츠리그보다 높은 10퍼센트를 상한선으로 정해놓았다. 따라서 에이전트는 수입을 올리기 위해 광고 섭외에 치중하는데, 그 이유는 바로 광고 계약에 따른 수수료가 대개 15~20퍼센트기 때문이다. 또한 광고 섭외 수에는 제한이 없기 때문에 많으면 많을수록 에이전트의 수입이 늘어난다는 강력한

동기는 에이전트들을 끊임없이 움직이게 만든다.

• **주요 축구 선수 광고 현황**[47]

선수 이름	광고주	광고 기간
박지성	교보생명(공중파)	2003
	우리금융그룹(공중파)	2005~2006
	게토레이(공중파)	2005~2009
	하이트(공중파)	2005~2006
	엑스캔버스(공중파)	2005~2006
	SK텔레콤(공중파)	2006~2010
	AIG 마스터플래너(공중파)	2007
	금호타이어(공중파)	2007~2010
	SK건설(공중파)	2008
	질레트 퓨전(공중파)	2009~2013
	농심 신라면(공중파)	2009
	박카스(공중파)	2009
	GS칼텍스(공중파)	2010
	파브 Full HD 3D(공중파)	2010
	삼성금융공동(공중파)	2011
	NH 한삼인(공중파)	2012
	피파 온라인3(공중파, 케이블)	2012~2014
	LG 유플러스 HDTV(공중파)	2014
	에어아시아(공중파, 케이블)	2015~2016
손흥민	아디다스(공중파, 케이블)	2012~2015
	LG 울트라 HDTV(공중파)	2014
	LG 휘센(공중파)	2014
	게토레이(공중파)	2014~2015

박주영	롯데 월드콘(공중파)	2005
	아미노밸류(공중파)	2005
	싸이언 TV폰(공중파)	2005
	엑스피드(공중파)	2005
	GS칼텍스 킥스(공중파)	2005~2006
안정환	푸마(잡지)	2002
	꽃을 든 남자(잡지, 공중파)	2000~2006
	라노스(공중파)	2002
	트루이모션(공중파)	2002
	스피드 011(공중파)	2002
	에소르 화이트(공중파)	2003
	싸이언(잡지)	2004
	뷰티크레딧(공중파)	2005
	롯데 의성마늘 햄(공중파)	2016
	KB차차차(케이블)	2016

축구 선수가 은퇴 후에 코칭스태프, 해설위원으로 활동하게 되면 에이전트와의 인연은 계속된다. 설기현, 송종국, 이영표는 대학 감독, 지상파 축구 해설위원으로 활동 무대를 옮겼지만 여전히 축구 전문 에이전시 지쎈과 계약해 활동 중이다. 이 밖에 서정원 수원삼성 블루 윙즈 감독은 스포츠인텔리전스, 황선홍 FC 서울 감독은 이반 스포츠 와 함께 축구 선수 이후의 삶을 설계해나가고 있다. 이런 현상으로 비추어볼 때 에이전트의 주력 시장은 현재 프로에서 활약하는 선수 들이지만 코치나 감독, 스포츠 해설위원 등도 잠재 고객 시장으로 인 지할 수 있다. 실제로 매년 수십억 원을 연봉으로 받고 있는 북미 스

포츠 구단의 감독 중 상당수는 에이전시에 소속되어 있고, 비시즌에 광고 출연이나 방송 출연과 이벤트 행사 초대 등을 통해 엄청난 부가 수입을 올리고 있다.

미국 캘리포니아 주와 워싱턴 주에서 근무하는 공무원 중에서 가장 높은 연봉을 받는 사람은 바로 U. C. 버클리와 워싱턴 대학교 풋볼 감독이다. 그들의 연봉은 상상 이상이다. 앨라배마 대학교와 미시간 대학교의 풋볼 감독 연봉은 700만 달러(77억 원) 이상이고, 400만 달러(44억 원)가 넘는 연봉을 받는 대학 풋볼 감독과 농구 감독이 수십 명에 이른다. 고연봉을 받는 감독이 이끄는 팀이 좋은 성적을 거둘 경우 이 감독들은 광고 시장에서 '블루칩' 대우를 받곤 하는데, 그들의 본 업무가 아닌 광고 계약과 같은 업무 활동은 대부분 소속 에이전트 혹은 스포츠 변호사를 통해 진행되곤 한다.

6

올림픽 종목과
격투기 종목 시장

      스포츠 에이전트는 프로 스포츠 리그 시장뿐만 아니라 프로 리그가 없는 올림픽 스포츠 선수들도 잠재 고객으로 생각한다. 국제 대회에서 수상 경력이 출중한 선수뿐만 아니라 스타 선수로 성장할 잠재력이 뛰어난 선수를 조기에 발굴하고 육성해 각종 국제 대회에서 좋은 성적을 거둘 수 있도록 뒷받침하는 일도 에이전트의 역할이다.

  해외에서는 올림픽 종목 선수들만 전문적으로 관리하는 에이전트와 에이전시가 이미 많다. 이러한 에이전트들의 꾸준한 관심과 전략적인 지원으로 지난 2016년 리우 올림픽에서 에이전시에 소속된 다수의 선수가 메달을 받았다. 스포츠 산업에 좀더 관심을 갖고 있는 사람이라면 프로 스포츠 선수 말고 수영이나 체조 같은 올림픽 종목 선수들도 에이전트를 고용하고 있다는 사실을 알고 있을 것이다. 실제로 2016년 리우 올림픽에서도 에이전시 간에 보이지 않는 메달 경쟁이 치열했다. 올림픽 참가국의 메달 경쟁을 보는 재미도 있지만 에이전시 간의 메달 경쟁을 보는 것도 올림픽을 관람하는 또 하나의 재미라고 할 수 있다.

전 세계에서 올림픽 종목 선수를 가장 많이 보유한 에이전시인 옥타곤의 경우 수영의 전설 마이클 펠프스를 앞세워 리우 올림픽에서 금메달 16개 등 총 24개의 메달을 획득하게 했다. 옥타곤에서 마이클 펠프스의 전담 에이전트인 피터 칼라일Peter Carlisle은 올림픽 종목 선수뿐만 아니라 X-Games 같은 익스트림 스포츠 선수의 에이전트로도 명성을 쌓고 있다. 와서맨 그룹은 옥타곤에 이어 두 번째로 많은 총 19개의 메달을 획득하게 했으며, WME-IMG는 2개의 금메달과 1개의 은메달을 딴 앨리슨 펠릭스 선수를 비롯해 총 18개의 메달을 따게 해 에이전시 중 세 번째로 많은 메달을 보유한 것으로 나타났다. 네 번째는 폴 도일 매니지먼트Paul Doyle Management 사로 티아나 비톨레타 선수의 금메달 2개 등 총 15개의 메달을 따게 했고, 시카고 스포츠 앤 엔터테인먼트 파트너스Chicago Sports & Entertainment Partners 사는 총 8개의 메달을 따게 했다. 미국을 대표하는 이 5개의 에이전시는 리우 올림픽에서 미국이 차지한 총 121개의 메달 중 약 70퍼센트인 총 84개의 메달을 획득하게 했다. 올림픽 종목 선수 역시 프로 스포츠 선수와 마찬가지로 체계적인 훈련과 기타 부가 수입을 올리는 데 에이전시의 도움이 결정적인 역할을 했다는 사실은 그 누구도 부인할 수 없을 것이다.[48]

2016 리우 올림픽 선수 시장

프로 리그가 없는 올림픽 스포츠 종목 중 리우 올림픽에 출전한 대한민국 선수는 총 174명이었다. 4년에 한 번 열리는 올림픽(하계·동계) 대회의 특성상 출전 선수 대부분은 약 2주 남짓 열리는 대회에서 좋은 성적을 거두고도 '올림픽 특수' 기간이 지나면 시장성이 급격하게 떨어진다. 이번 리우 올림픽에서 금메달을 받은 한 선수는 에이전트에 다소 회의적인 입장을 보였다. 그는 "올림픽에서 금메달을 딴 후에 지인의 지인에게 연락을 받아 에이전트 계약에 대해 얘기를 나눴는데, 결국 계약을 하지 않았다"고 전했다. 그는 "에이전트가 도움을 주는 부분이 많지 않은 것 같다. 그냥 에이전트가 있다는 것뿐이지, 그들의 도움이 없더라도 유명한 선수라면 선수에게 연락해서 직접 계약한 후에 활동하는 것도 가능하다고 생각한다"고 말했다. 다만 "대한체육회나 협회에서 교육을 받고 인증받은 에이전트라면 계약하겠지만, 그렇지 않고 개인적으로 활동하는 사람이 접근한다면 계약할 생각이 없다"며 에이전트의 자격 검증이 중요하다고 강조했다.

메달을 딴 선수 중 일부는 에이전트의 구애를 받고 있다. 특히 펜싱 에페 종목에서 금메달을 획득한 박상영 선수는 결승전 때 14대 10으로 패색이 짙은 상황에서 "할 수 있다!"는 주문을 외우며 역전승을 거두어 일약 올림픽 스타덤에 올랐다. 그는 올림픽 이후 Que 에이전시와 계약을 맺고 현재까지 2편의 광고에 출연하는 등 올림픽 스타로서 전성기를 누리고 있다.

박상영 선수(리우 올림픽 금메달리스트)

Q 에이전트가 필요하다고 생각하나요?

A 에이전트가 없을 때는 운동만 했기 때문에 필요성을 느끼지 못했습니다. 하지만 주변의 권유로 에이전트 계약을 한 뒤로 많은 부분에서 에이전트의 필요성을 느끼고 있습니다.

Q 에이전트가 선수를 위해 하는 역할은 무엇인가요?

A 지금은 모든 부분에서 많은 역할을 해주고 있습니다. 사소한 스케줄 관리부터 경기에 대한 분석이 대표적이고, 정신적인 면에서도 정말 많은 도움이 되고 있지요. 가끔 흔들릴 수 있는 마인드를 옆에서 계속 바로잡아주고 있다고 생각합니다.

Q 에이전트가 가져야 할 가장 중요한 역량은 무엇이라고 생각하나요?

A 다른 어떤 능력보다 선수가 진심으로 잘되길 바라는 마음이라고 생각합니다.

Q 에이전트가 있을 때와 없을 때의 차이점은 무엇인가요?

A 내게 기대하는 존재가 생겨 부담스럽기도 하지만 내가 힘든 시기를

겪을 때 함께해줄 누군가가 옆에 있다는 생각에 든든합니다.

Q 에이전트 고용 후 거둔 가장 큰 효과는 무엇인가요?

A 내가 모르는 부분, 가령 법률이나 재무 같은 업무를 대신해줘 운동

에 더욱 집중할 수 있습니다.

• **프로 스포츠 제외 종목 중 리우 올림픽 출전 선수 현황**[49]

	근대5종		레슬링		배드민턴		복싱		사격		사이클	
	남	여	남	여	남	여	남	여	남	여	남	여
	2	1	5	0	7	7	1	0	9	8	6	2
	수영		승마		양궁		역도		요트		유도	
	남	여	남	여	남	여	남	여	남	여	남	여
총 등록 선수 174명	4	5	1	0	3	3	4	3	4	0	7	5
	육상		조정		체조		카누/카약		탁구		태권도	
	남	여	남	여	남	여	남	여	남	여	남	여
	10	5	1	1	5	2	2	0	3	3	3	2
	펜싱		하키		핸드볼							
	남	여	남	여	남	여						
	7	10	0	18	0	15						

올림픽 선수 시장

프로 리그가 출범되지 않은 올림픽 스포츠는 우리나라 프로 스포

츠만큼 광고 시장이 활성화되어 있지 않지만, 각 종목을 대표하는 선수는 광고 시장에서 큰 비중을 차지하고 있다. 그중에서도 유망주 시절부터 국제 대회에서 괄목할 만한 성적을 거두어 국내 광고 시장에 자주 모습을 비춘 선수로는 전 피겨스케이팅 선수였던 김연아, 수영의 박태환, 그리고 리듬체조의 손연재 선수를 꼽을 수 있다.

박태환 선수는 2007년부터 2014년까지 총 16편의 CF를 계약했다. 특히 2008 베이징 올림픽을 겨냥해 2007년부터 SK텔레콤과 후원 계약을 체결해 TV 광고 시장에서 자주 볼 수 있었다. 『한국일보』는 2010년 박태환 선수의 광고 시장 가치는 약 8억 원에 달했다고 보도했다. 특히 롯데칠성 생수 브랜드 '블루마린' 광고는 6개월 단발 광고였는데도 광고 효과는 5억 원 안팎으로 형성되었다고 추정한다.

김연아 선수는 2007년부터 기업과 후원 계약을 맺었으며 2016년까지 총 27편의 CF 계약을 체결했다. 2010 밴쿠버 올림픽 금메달, 2014 소치 올림픽 은메달을 획득하며 김연아 선수의 광고 시장 가치 또한 크게 증가했음을 추정해볼 수 있다. 광고와 스폰서 계약뿐만 아니라 아이스쇼 같은 이벤트를 통한 수익과 네이밍 라이선스(뚜레쥬르, 제이에스티나, 유니버설뮤직)를 통해 선수의 가치가 광고 시장에서 인정받고 있음을 알 수 있다.

손연재 선수는 2011년부터 CF 계약을 맺어 총 18편의 광고에 출연했다. 생소한 스포츠였던 리듬체조가 일반인의 관심을 불러일으켰고 리듬체조 갈라쇼를 통한 노출 빈도가 증가했다. 또 2011년 광저우 아시안 게임에서 한국 리듬체조 개인 종합 사상 첫 메달을 획득해, 선수가 가지고 있던 기존 이미지와 시너지를 발휘해 언론에서 한동안 손연재 선수를 광고 시장의 블루칩으로 평가하기도 했다.

양학선 선수는 2012 런던 올림픽에서 우리나라 기계체조 도마 부문 사상 첫 금메달을 획득했다. 그는 올림픽이 끝난 후 자동차 광고 계약을 맺었는데 양학선 선수만의 개인사가 담긴 감동적인 스토리가 어우러져 런던 올림픽 이후 언론의 큰 관심을 받았다. 양학선 선수는 올림픽에서 좋은 결과를 얻었지만 안타깝게도 박태환이나 손연재, 김연아 선수만큼 광고 시장에서의 파급 효과가 크지는 않았다.

앞에서 언급한 박태환, 김연아, 손연재 선수의 공통점을 분석해보면 모두 대기업 가전제품 CF 계약을 체결했다는 것이다. 김연아와 손연재 선수는 비인기 종목으로서 존재감 자체가 희미했던 피겨스케이팅과 리듬체조 분야에서 한국 스포츠의 위상을 높였고, 연예인 못지 않은 외모와 끼를 가지고 있다. 이들은 스포츠 선수가 광고 시장에서 차지하는 비중이 나날이 커지고 있음을 확인시켜주고 있다.

이상화, 이승훈 선수는 2010 밴쿠버 올림픽을 기점으로 명실상부하게 우리나라 스피드스케이팅을 대표하는 선수로 떠올랐다. 그 전까지만 해도 스피드스케이팅은 종목 특성상 아시아 선수보다 체격 조건이 좋은 유럽 선수에게 유리하다는 인식이 강했다. 그런데 밴쿠버 올림픽에서 좋은 활약을 한 두 선수는 또 한 번 우리나라를 대표하는 스포츠 종목의 탄생을 예고했다. 두 선수 모두 밴쿠버 올림픽 이후 언론의 조명을 받으며 광고 계약을 체결했는데, 이상화 선수는 삼성전자, 기아자동차, 비자카드 등 총 5편의 광고를 찍었고, 이승훈 선수는 밴쿠버 올림픽이 끝난 직후 삼성전자 광고를 찍었다.

격투기 선수 시장

격투기는 세계에서 가장 급속히 성장하는 스포츠 종목의 하나로 주목받고 있다. 국내에서도 격투기에 대한 관심은 급격히 증가했는데, 대회의 상금 규모와 격투기 선수의 수가 급격히 늘고 있다.

2015년 UFC 서울에 참가한 우리나라 UFC 선수들의 상금은 다른 프로 대회 못지않게 높아졌다.[50] 2015년 UFC 서울에서 우리나라 UFC 선수 중 상금을 가장 많이 받은 선수는 단연 김동현이다. 김동현은 대전료 6만 3,000달러, 승리 수당 6만 3,000달러, 리복 스폰서십 1만 5,000달러로 총합 14만 1,000달러(한화 약 1억 5,600만 원)를 받았다. TKO승을 거둔 최두호 선수는 대전료 1만 2,000달러, 승리 수당 1만 2,000달러, 리복 스폰서십으로 2,500달러를 받은 데다, 최고의 경기를 보여준 선수Performance of the Night로 선정되어 5만 달러를 보너스로 받아 총 7만 6,500달러(한화 약 8,500만 원)를 받았다. 추성훈 선수는 경기에 패하며 승리 수당 5만 달러를 받지 못했지만 경기 출전 수당으로 5만 달러를 받았고, 리복에서 후원금 명목으로 5,000달러를 받아 총 5만 5,000달러(한화 약 6,100만 원)의 금전적 혜택을 누렸다.

물론 선수들이 상금으로 받은 금액을 모두 수령하는 것은 아니다. 상금의 30퍼센트를 세금으로 내고, 세금을 제한 금액에서 30퍼센트 정도를 에이전트가, 10퍼센트 정도를 도장에서 가져간다(세금을 제한 금액의 10퍼센트, 즉 총 금액의 7퍼센트). 그러므로 세금의 30퍼센트와 도장과 에이전트 수수료를 합한 수치인 14퍼센트, 총 44퍼센트 정도를 제하면 56퍼센트 정도가 선수의 몫이 된다. 물론 이 계산은 선수의 국적에 따라 세금이 달라지고 에이전트 유무, 도장과의 계약에 따라 달라진다. 하지만 분명 격투기 대회 수가 점차 증가하고, 상금 규모 또한 커지고 있다는 사실을 볼 때 격투기 선수 시장은 이미 스포츠 에이전트에게 아주 매력적인 시장으로 보일 수밖에 없다.

• UFC 상금 규모

체급	2015년 UFC 서울					
	성명	승/패	파이트머니 (천 원)	보너스 (천 원)	스폰서머니 (천 원)	국내 선수 총 상금(천 원)
페더급	최두호	승	13,307	13,307	2,772	84,826
	남의철	패	11,080	~	2,772	13,852
라이트급	방태현	승	11,080	11,080	2,772	24,932
웰터급	추성훈	패	55,440	~	5,540	60,980
	김동현	승	69,867	69,867	16,635	156,369
	김동현B	패	11,080	~	2,772	13,852
미들급	양동이	승	11,080	11,080	2,772	24,932
상금 총액			182,934	105,334	36,035	379,743

※ 2016년 8월 1일 환율(1,108.30원) 기준.

국내에서 점차 UFC 시장이 커지면서 UFC 내국인 선수에 대한 관심이 증가하고 있다. 대표적인 선수로는 추성훈과 김동현이 있다. 이들은 경기장에서뿐만 아니라 각종 광고나 연예 방송, TV 쇼에서도 다양한 활동을 하고 있다. 추성훈 선수는 국내 미디어에 노출되기 시작한 2008년부터 현재까지 총 19편의 CF에 출연했고, 김동현 선수도 3건의 CF를 촬영한 적이 있다.[51] 격투기 경기 일정이 잡히면 경기에만 몰두하고 집중할 수 있도록 에이전트는 경기 내외적으로 체계적인 지원을 한다. 추성훈 등과 같이 스포츠 선수가 방송과 광고 시장에서 차지하는 비중이 나날이 커지고 있으며 이들의 이미지와 부합한 다양한 제품군에서 앞으로 자주 볼 수 있을 것으로 기대된다.

유소년 운동선수 시장

스포츠 에이전트는 국내외 리그에서 활약하는 프로 선수뿐만 아니라 다양한 스포츠 종목에서 발전 가능성이 높은 어린 유망주를 발굴하고 육성하는 데에도 많은 관심을 기울인다. 이러한 순수 아마추어 시장으로 불리는 잠재 시장 규모는 프로 리그에 등록되지 않은 아마추어 선수(초·중·고·대학생)를 일컫는데,[52] 그 규모는 쉽게 무시할 수 없는 정도로 성장했다.

아마추어 야구, 축구, 농구, 배구, 테니스, 골프 선수 시장

야구는 고등부 또는 대학부 선수들이 프로로 전향한다.[53] 2016년 KBO 신인 드래프트의 경우, 구단별 1차 지명(10명)과 2차 지명을 통해 선발된 10명(총 100명), 그리고 그해에 신고 선수로 입단한 43명 등 총 153명의 선수가 아마추어에서 프로로 전향했다. 전체 등록된 아마추어 선수 중에서 프로로 전향하는 선수는 적은 편이다. 그러나 고등학교 진학 후 MLB로 진출하는 경우, 혹은 프로 선수로 전향하는 과정에서 큰 부가가치를 발생시킬 수 있다. 특히 고등학교 졸업 후 억대 계약금을 받고 바로 MLB로 가는 선례가 있었던 점을 고려하면 에이전트들이 아마추어 야구 선수 시장에서 성장 잠재력이 높은 유망주에게 접근할 가능성도 배제할 수 없다. 유능한 아마추어 선수가 방향을 잃고 헤매는 일이 없도록 옆에서 정신적, 법적으로 보조해주는 에이전트의 역할이 기대된다.

국내 축구 리그 시스템 내에서 아마추어 축구 리그에 해당하는 리그는 K3리그,[54] U리그, 초 · 중 · 고 리그가 있다. 우선 K3리그는 2016년 현재 20개 팀이 소속되어 있고, K3리그 내에서도 상위 리그인 K3어드밴스리그, 하위 리그인 가칭 K3베이직리그로 나뉜다. K3리그는 지역이 아닌 전국 규모의 최상위 리그로 4부 리그 격에 해당한고 볼 수 있다. U리그는 학교 축구 정상화를 목적으로 대한축구협회에서 설립한 대학 축구 리그다. 2016년 현재 U리그는 10개의 권역에서 3개 팀이 본선에 올라가고 각 권역의 4위 팀끼리 순위를 결정해 와일드카드 형태로 2팀이 왕중왕전 본선 32강전에 진출하는 구조다.[55] 마지막으로 초 · 중 · 고 리그는 대한축구협회가 주관하는 유소년 축구 리그로 초 · 중 · 고등부로 나뉘어 진행된다. 2015년을 기준으로 각 부의 축구부와 클럽 소계는 초등부 342팀, 중등부 254팀, 고등부 178팀으로 총 774개의 팀이 있는데, 576개 팀으로 창설 당시와 비교했을 때 꾸준히 참가 팀이 증가하고 있다.

K리그는 2015 K리그 드래프트[56]를 마지막으로 드래프트 제도를 종료했으며, 자유 계약과 클럽 유스 우선 지명을 중심으로 한 완전 자유 계약 제도를 도입했다. 클럽 유스 소속 선수에 대해서는 무제한 으로 지명이 가능하고, 그 외의 선수에 대해서는 자유 계약으로 S급, A급, B급의 3등급으로 나누어 각기 다른 조건 하에 선발한다. 또한 당해 연도에 지명된 신인 선수는 국내 타 구단으로 임대와 이적이 금 지된다(단, 상위 디비전에서 하위 디비전으로 임대와 군·경 입대로 인한 임대 는 가능하다). 2016년 현재 K리그 신인 선수 선발 현황(K리그 챌린지 포 함)은 신인 자유 계약(S급, A급, B급) 120명, 프로 직행 선수(고졸) 14명, 과거 우선 지명 입단자(대졸) 15명, 대학 진학 선수 130명으로 집계 되어 있다.

남자 프로 농구[KBL]의 국내 신인 선수 드래프트는 총 1라운드부터 4 라운드를 거쳐 진행되며, 각 팀은 최대 4명의 선수를 지명할 수 있 다.[57] 지명을 원하지 않을 경우 해당 라운드에서 지명을 포기할 수 있 다. 2016~2017 시즌 신인 드래프트는, 우선 1~8위 추첨은 지난 시 즌 3~10위 팀을 대상으로 하고 9, 10위는 각각 준우승과 우승팀이 대상이 되는데 1~4위 선수를 지명할 때는 우승팀과 준우승팀을 제외 한 나머지 8개 팀이 동일 확률(12.5퍼센트)로 선수를 지명한다. 5~8순 위까지는 정규 시즌 성적 상위 팀부터 하위 팀 순서로 가중치(10, 20, 30, 40퍼센트)를 부여해 선수를 지명한다. 2라운드부터는 이전 라운드 순위 지명 순서의 역순으로 한다. 2015년 KBL 국내 신인 선수 드래 프트에서는 총 38명의 선수가 참가해 22명의 선수가 지명된 상태로 집계되어 있다. 그중 34명이 대학 농구부 출신 졸업 예정자였으며, 나머지 4명은 실기 테스트를 통과한 일반 지원자였다.

여자 프로 농구^{WKBL}는, 6개 구단이 4라운드에 걸쳐 선수를 지명한다. 최근 10년간 59퍼센트의 선발 비율(대상자 222명, 선발 인원 131명)을 기록했으며, 2015년 WKBL 신인 드래프트 지명 대상자는 23명이었고, 최근 10년 중 최다인 16명(선발 비율 69.6퍼센트)이 지명되었다.

프로 배구 또한 프로 농구의 신인 선수 드래프트와 동일하게 총 1라운드부터 4라운드를 거쳐 진행된다. 2라운드부터 이전 라운드 순위 지명 순서의 역순으로 지명하는 것은 동일하지만 전 시즌 최종 순위에 의거해 하위 3개 팀은 확률 추첨(50, 35, 15퍼센트)으로 하고, 상위 팀은 성적의 역순으로 진행된다는 점에서 차이가 있다. 2015~2016 시즌 V리그 남자부는 총 13개교 참석자 36명 중 26명(수련 선수 2명 포함)이 선발되었고, 여자부는 총 12개교 참석자 32명 중 17명(수련 선수 3명 포함)이 선발되었다.

테니스는 초·중·고등부에 등록된 선수 중 상금이 걸린 세계 대회와 국내 대회에 참가해 KTA 랭킹에 등록될 경우 프로로 분류된다. 한국 테니스 랭킹 1위이자 대들보인 정현 역시 고등학생 때부터 두각을 나타내며 프로로 데뷔했다. 테니스 종목 유소년 시장의 성장 속도를 고려할 때, 테니스의 잠재 시장 규모가 굉장히 크다는 것을 알수 있다.

골프는 현재 초등부, 중등부, 고등부, 대학부로 구분이 되어 있는데, 문화체육관광부 『체육백서』 내 현황은 총 2,491명이다.[58] KPGA

종목	초등부(명)			중학부(명)			고등부(명)			대학부(명)			총계 (명)
	남	여	계	남	여	계	남	여	계	남	여	계	
야구	1,996	4	2,000	2,521	1	2,522	2,351	–	2,351	1,013	–	1,013	7,886
축구	3,313	327	3,640	5,197	493	5,690	4,371	382	4,753	2,713	212	2,925	17,008
농구	367	283	650	469	223	692	370	154	524	284	97	381	2,247
배구	436	305	741	343	217	560	326	185	511	243	58	301	2,113

에는 한 해에 약 30명 정도의 아마추어 신인 선수가 등록되고 있으며, KLPGA에는 매년 약 25명 정도가 아마추어 신인 선수로 등록되고 있다. 매년 아마추어에서 프로로 승격하는 선수는 해마다 증가하는 반면, 이 선수들을 운동선수로서 보호하고 지켜줄 제도적 장치와 법적인 체제가 미흡하다. 골프는 과거에 상류층 운동으로 분류되었다가 시간이 지나면서 생활 스포츠로 정착되고 있으며, 점차 시장 규모가 커질 것으로 예상된다. 위의 표는 2014년 기준 종목별 초등부, 중학부, 고등부, 대학부 등록 선수 현황이다.[60]

이름 장달영

소속과 직책 법무법인(유한) 에이펙스

학력

-강원대학교 법학과

-국민대학교 스포츠산업대학원 스포츠산업학 석사

경력

-제44회 사법시험 합격

-한국 스포츠 에이전트협회 자문변호사

-문화체육관광부 규제개혁위원회 위원

-대학스포츠총장협의회 자문변호사 겸 집행위원

-김연아, 박태환, 장미란 선수 에이전트 역임

질문과 답변

• 스포츠 산업에 진출하게 된 계기는 무엇입니까?

중학생 때까지 육상 선수였고, 각종 경기를 관람하고 직접 해보는 스포츠 마니아였습니다. 그런 개인적인 성향이 이유가 되겠지요. 사법시험을 준비하면서 시험에 합격하면 스포츠 관련 분야에서 일하고 싶다는 생각을 했습니다. 시험에 합격한 후에 사법연수원에 재직하던 중 국민대 스포츠산업대학원에서 스포츠산업학 석사 과정을 밟으면서 스포츠 분야에서 법률 전문가로 활동하겠다는 결심을 하게 되었습니다.

• 어떻게 스포츠 에이전트로 활동하게 되었는지요?

사법연수원 수료와 함께 처음 활동을 시작하고자 했던 분야가 스포츠 에이전트였습니다. 당시 축구에는 에이전트 제도가 정착되어 축구 선수에 대한 에이전트 활동이 있었지요. 나는 나름 아마추어 스포츠 분야에서 스타 마케팅이 가능하다는 생각에 아마추어 유망주를 찾아보았습니다. 그래서 당시 널리 알려져 있지 않던 중·고등학생인 피겨 김연아, 수영 박태환 선수 등을 알게 되어 그들의 에이전트 역할을 하게 되었습니다.

• 스포츠 에이전트로서 가장 보람을 느낀 순간은 언제였나요?

아무래도 내가 에이전트로 활약했던 역도의 장미란(베이징 올림픽), 피겨스케이팅 김연아(밴쿠버 올림픽)와 수영 박태환(베이징 올림픽) 선수가 올림픽에서 세계 정상에 올라선 장면을 보았을 때가 아닌가 싶습니다. 당시 장미란, 박태환 선수는 에이전트로 활동하고 있을 때여서 감격이 컸고, 김연아 선수는 내 소속은 아니었지만 나와 인연을 맺었던 선수여서 매우 기뻤습니다. 아울러 박태환 선수는 2008년 베이징 올림픽을 앞두고 SKT와 패키지 스폰서십을 이끌어냈습니다. 당시만 해도 프로와 아마추어를 통틀어 선수 마케팅으로서 최고의 스타 마케팅(스폰서십) 성과를 만들어낸 것이 기억에 남습니다.

• 스포츠 에이전트로서 활동하면서 느끼는 어려움과 장벽은 무엇인지요?

스포츠 에이전트, 특히 선수 에이전트는 에이전트 활동에 대한 선수 측의 위임을 받아야 합니다. 그러려면 선수에게 신뢰를 얻어야 하는데 그 과정이 쉽지 않은 것이 어렵다고 하면 어려운 과제지요. 또 선수가 원하는 에이전트의 역할이 과도할 때 거절하기가 쉽지 않은 점도 활동하는 데 고민이 되곤 합니다. 선수가 '집사'와 같은 역할을 해달라고 요구하는 경우가 적지 않은데 관계 유지를 위해 억지로 해야 할 때가 있습니다.

• 스포츠 에이전트로 활동하면서 가장 중요하다고 생각하는 업무는요?

축구 같은 팀 스포츠에서는 선수가 활약할 기회를 창출하거나 확대하는 것이 중요하다고 생각합니다. 선수가 역량을 최대한 발휘할 수 있게 구단 내에서 선수의 역할과 비중을 잘 판단하여 이적이 필요한 경우에는 이적을 성사시킬 수 있어야 합니다. 골프 같은 개인 스포츠에서는 아무래도 선수 후원과 같은 마케팅 기회를 창출하는 것이 가장 중요하고 생각합니다. 그러기 위해서는 관련 분야와의 비즈니스가 필요하겠지요.

• 스포츠 에이전트에게 가장 필요한 자질은 무엇이라고 생각하나요?

협상에서 상대방을 설득하고 자신이 원하는 방향으로 결과를 이끌어내는 능력이 가장 중요하다고 생각합니다. 선수의 마음을 얻고 선수에 대한 마케팅 활동을 하는 데 있어서 성공의 관건이 아닌가 생각합니다. 아울러 에이전트 활동에서는 준비를 꼼꼼히 해야 합니다. 예를 들면 선수나 종목에 관련된 규정을 잘 숙지하고 문제의 본질을 파악해 해결 방안을 찾아내서 제시할 수 있는 능력이 필요하지요.

• 앞으로 한국의 스포츠 에이전트 시장을 어떻게 전망하나요?

분명한 것은 에이전트의 활동 영역이 점점 커지고 있다는 사실입니다. 에이전트가 일하는 환경도 더 안정적으로 변해갈 것으로 봅니다. 정부와 프로 스포츠계가 내

년부터 국가 차원에서 에이전트 제도를 법제화한다고 하니까 좀더 공정하고 합리적인 에이전트 시장 환경이 조성될 것으로 봅니다.

• 스포츠 에이전트로서 앞으로의 꿈이 있다면요?

아직 세계 정상권 선수가 나오지 않은 육상, 테니스 같은 종목의 선수를 발굴해서 그와 함께 노력해 선수는 성적 면에서 세계 정상에 오르고, 나는 마케팅 측면에서 선수의 가치를 극대화하는 것이 꿈입니다.

• 스포츠 에이전트를 꿈꾸는 이들에게 조언하고 싶은 것은 무엇입니까?

스포츠 에이전트로 성공하는 사람보다 도중에 좌절하고 포기하거나 원하는 성과를 내지 못하는 사람이 많습니다. 차분하게 실력을 쌓으면서 내공을 키워야 합니다. 가능한 한 스포츠 관련 단체나 조직에 참여해서 직접 경험할 수 있는 기회를 가지세요.

7

프로 골프
선수 시장

4대 프로 리그 외에 에이전트가 즉시 시장으로 삼을 수 있는 스포츠 분야에는 개인 스포츠인 프로 골프^{KPGA, KLPGA}가 있다. 프로 골프는 대회 후원뿐만 아니라 선수 개인에 대한 후원을 동시에 할 수 있어서 후원 수단이 다양하다. 등록 선수가 단체 스포츠에 비해 많은 편이기 때문에 에이전트의 진입 기회도 넓은 편이다. PGA나 LPGA 상위권에서 꾸준히 좋은 활약을 펼치고 있는 한국 선수는 이미 에이전트의 전문적인 도움을 받아 시즌을 보내며 광고나 스폰서십 계약을 체결하고 있다. 에이전트가 활발하게 활동하는 프로 골프 선수 시장은 다른 프로 스포츠에 비해 이미 에이전트 시장이 안정적으로 운영되고 있다고 해도 과언이 아니다.

국내 프로 골프 선수 시장을 살펴보면 다음과 같다. 2015년 기준으로 프로 골프는 KPGA, KLPGA 두 단체에서 약 8,200명 규모의 선수가 활약하고 있다. 우선 회원 제도는 크게 정회원, 준회원, 티칭 프로로 구분되어 있다. 회원제 내에서 정회원, 준회원, 티칭 프로의 중복 취득이 가능하지만 대회 우승, 상금 랭킹 등을 통해 획득한 시드권으로 정규 투어의 출전이 이루어진다. KPGA[61]와 KLPGA[62]는 프로 자격 부여 방식에서 차이점을 보이는데, KPGA는 프로(준회원) 선발전을 통과한 선수에게 입문 교육을 거쳐 프로 자격이 부여된다. 단, 이 규칙은 대한민국 국적을 가진 선수에 한해 적용된다. 프로 선발전은 지역(골프장) 선발전(예선 2R)과 최종 선발전(본선 2R)을 통해 연간 1, 2, 3차전 합계 270명(2015년 기준)을 선발하고 있다. 프로에게는 프론티어 투어, 투어 프로(정회원) 선발전에 응시할 자격이 주어진다. 투어 프로 선발전 통과자는 소정의 입문 교육을 거쳐 투어 프로 자격이 주어지며, 지역(골프장) 선발전(예선 2R)과 최종 선발전(본선 4R)을 통해 연간 1, 2차전 합계 100명을 선발하고 있다. 투어 프로에게는 챌린지 투어, 코리안 투어 시드 선발전의 응시 자격이 주어진다.

  KLPGA는 정회원, 준회원, 티칭 프로 외에 K-투어 회원과 D-투어 회원으로 구분된다. K-투어 회원은 KLPGA D-투어 멤버이면서 정회원 선발전에 합격하고 소정의 교육을 이수해 K-투어 멤버로서 자질을 인정받은 자로 KLPGA 정규 투어와 드림 투어에 참가할 수 있다. D-투어 회원은 외국인이면서 준회원 선발전에 합격하고 소정의 교육을 이수해 D-투어 멤버로서의 자질을 인정받은 자로 점프 투어에 참가할 수 있으며, 정회원 선발전에 참가할 수 있는 자격이 주어진다.

KPGA와 KLPGA의 현황을 비교해보면, 총 등록 선수는 KPGA가 KLPGA에 비해 약 2.5배 수준이다. 반대로 대회 상금 규모는 KLPGA가 KPGA에 비해 약 1.3배 수준이다. 즉, 여자 리그인 KLPGA가 KPGA와 대등할 정도의 잠재력을 보이거나, 상위 선수만 보았을 때는 KPGA의 상금액을 압도한다. 반면, 미국은 PGA가 LPGA에 비해 총 등록 선수는 약 3배, 총 상금 액수는 약 5배로 현격한 차이를 보인다.

- **프로 골프(KPGA, KLPGA) 선수와 대회, 총 상금 현황(2015년 기준)**

	프로 골프		
	KPGA	KLPGA	총계
총 등록 선수(명)	6,000	2,176 (정회원: 1,110, 준회원: 828, 티칭 프로: 236)	8,176
총 대회 수(개)	13	31	44
총 상금 액수(천 원)	8,432,367	11,093,530	19,525,897

※ KPGA의 총 등록 선수는 협회 관계자가 밝힌 대략적인 수치임.

KPGA 코리안 투어 내 13개 대회의 상금 현황을 분석해보면, 4대 대회(코오롱 한국 오픈, GS칼텍스 매경 오픈, SK텔레콤 오픈, 신한동해 오픈)의 상금 총액(42억 원)이 총 대회 상금의 약 50퍼센트를 차지한다. 우승자가 받는 상금과 실질적으로 스폰서십 계약의 마지노선(상금 순위 20위권 밖의 선수들은 후원 기업을 찾기 쉽지 않다)이라고 할 수 있는 20위가 받는 상금의 합을 비교해보면, 약 20배의 차이가 발생한다.[63]

• **KPGA 코리안 투어 대회별 상금 현황(2015년 기준)**

대회명	참가자(명)	총 상금(천 원)	등수별 상금(천 원)	
			1위	20위
제11회 동부화재 프로미 오픈	150	400,000	80,000	4,480
제34회 GS칼텍스 매경 오픈	150	1,000,000	200,000	9,500
SK 텔레콤 OPEN 2015	162	1,000,000	200,000	11,200
넵스 헤리티지 2015	162	632,367	126,473	7,082
제2회 바이네르 오픈	162	500,000	100,000	5,600
군산 CC 오픈	162	500,000	100,000	5,600
함께하는 제 58회 KPGA 선수권대회	150	800,000	160,000	8,960
매일유업 오픈 2015	144	300,000	60,000	3,360
코오롱 제58회 한국 오픈	144	1,200,000	300,000	10,850
제31회 신한동해 오픈	138	1,000,000	200,000	11,200
데상트코리아 먼싱웨어 매치플레이	152	800,000	200,000	8,000
카이도골프 LIS 투어챔피언십	96	300,000	60,000	3,360
총 대회(13개) 상금 합계와 상위 선수 상금 평균		8,432,367	148,872	7,432

KPGA에서의 활약에 힘입어, 혹은 해외 동포 출신으로 PGA 투어에 도전하는 경우가 있다. 하지만 최근 2년 가까이 PGA 투어에서 우승한 내국인 선수가 나오지 않아 활약이 저조하다. 2015 PGA 투어 참가자 중 34위를 기록한 배상문 선수를 제외하면 모두 100위권을 기록했고,[64] 배상문 선수도 2016 시즌을 앞두고 군 입대로 PGA에서의 활약을 잠시 멈춰야 하는 상황이라 새로운 내국인 선수의 지속적인 발굴이 요구된다.

순위(전체, 내국인 선수 중)	이름	소속	상금(달러)
34(1)	배상문	캘러웨이	2,599,632
129(2)	노승열	나이키골프	711,609
147(3)	박성준	–	597,103
161(4)	최경주	SK텔레콤	448,864
222(5)	양용은	–	50,024
228(6)	위창수	–	39,480

※ 소속은 타이틀 스폰서를 의미하며, 2016년 현재를 기준으로 함. 단, 배상문은 2016년 군 입대로
   2015년 기준(캘러웨이)으로 작성.

　　2015년 KPGA 상위 20명의 평균 상금은 1억 8,569만 원이다. 상위 20명의 후원 업체를 살펴보면 20명 중 16명의 선수가 스폰서 후원 계약을 맺었다. 스폰서로는 골프 관련 브랜드가 5명과 계약을 맺어 가장 많았고, 금융 관련 기업이 3명이었다. 반면 에이전트를 보유한 선수는 20명 중 4명으로 적다. 1위 이경훈 선수와 20위 노승열 선수 간 상금의 차이는 약 3.16배이다.[65]

• KPGA 상금 순위(2015년 기준, 1~20위)

순위	이름	소속	후원 업체	상금(천 원)
1	이경훈	한국체육대학교	CJ오쇼핑	315,600
2	최진호	해비치리조트	현대제철	303,933
3	이수민	중앙대학교	CJ오쇼핑	278,706
4	문경준	팀 휴셈	휴셈	264,525
5	이태희	–	OK저축은행	242,000
6	주흥철	홈플러스 골프센타	비스타케이 호텔그룹	227,123
7	이형준	중앙대학교	JDX멀티스포츠	219,471
8	박효원	–	박승철헤어 스튜디오	198,981
9	장동규	–	–	191,394
10	박재범	–	–	177,372
11	김기환	–	볼빅	154,516
12	김태훈	올댓스포츠	신한금융그룹	154,267
13	이동민	제니스골프 아카데미	바이네르	148,916
14	박준원	스포티즌	하이트진로	143,653
15	이지훈 730	–	JDX멀티스포츠	137,936
16	김민휘	IB월드와이드	–	134,800
17	왕정훈	ISM ASIA, 한국체육대학교	–	110,540
18	이창우	한국체육대학교	CJ오쇼핑	106,768
19	김성용	–	브리지스톤	103,313
20	노승열	–	나이키	100,000
상위 20명 연봉 평균				185,690

※ 소속 중 밑줄 부분은 에이전시를 의미함.

KPGA 대회에서 활약하는 골프 선수들의 상금 규모를 분석할 때 고려해야 할 점은 KPGA가 아닌 다른 국제 대회에서 받은 상금은 KPGA상금 순위에 포함되지 않는 다는 점이다. 예를 들면, KEB · 하나은행 챔피언십, 더퀸즈 프리젠티드 바이 코와 같은 대회에 참가하는 선수들이 늘고 있는데, 이런 대회의 상금은 KPGA보다 훨씬 크다. 이런 사실을 인지하면 남자 골프 선수의 수익은 더욱 높아진다. 1위와 20위의 등수별 상금 총합은 KPGA와 마찬가지로 약 20배 차이를 보인다.[66] 참고로 LPGA KEB · 하나은행 챔피언십, 더퀸즈 프리젠티드 바이 코와, 2015 현대차 중국여자오픈은 해외 리그 주관 대회이지만, KLPGA 상위 기록 선수에게 참여 기회를 준다는 점에서 KLPGA에서는 리그 대회로 간주하고 있고, 더퀸즈 프리젠티드 바이 코와는 한국, 일본, 유럽, 호주 리그 대항전 형태의 대회로, 각 리그별로 팀을 구성해 경기를 운영한다.

· **KLPGA 대회별 상금 현황**(2015년 기준)

대회명	참가자(명)	총 상금(천 원)	등수별 상금(천 원)	
			1위	20위
제8호 롯데마트 여자 오픈	120	600,000	120,000	5,520
삼천리 투게더 오픈 2015	132	700,000	140,000	6,440
넥센 · 세인트나인 마스터즈 2015	120	500,000	100,000	4,600
제5회 KG · 이데일리 레이디스 오픈	132	500,000	100,000	4,750
제2회 교촌 허니 레이디스 오픈	132	500,000	100,000	4,600
2015 NH투자증권 레이디스 챔피언십	132	500,000	100,000	4,600

2015 두산 매치플레이 챔피언십	64	600,000	120,000	7,927 (16강 진출자)
E1 채리티 오픈	144	600,000	120,000	5,520
제5회 롯데 칸타타 여자 오픈	132	600,000	120,000	5,520
제9회 S-OIL 챔피언스 인비테이셔널	120	600,000	120,000	5,520
기아자동차 제29회 한국 여자 오픈 골프 선수권대회	153	700,000	200,000	6,966
비씨카드 · 한경 레이디스컵 2015	132	700,000	140,000	6,440
금호타이어 여자 오픈	126	500,000	100,000	4,650
초정탄산수 용평리조트 오픈 위드 SBS	132	500,000	100,000	4,650
BMW 레이디스 챔피언십 2015	144	1,200,000	300,000	11,040
제16회 하이트진로 챔피언십	132	800,000	160,000	7,360
제주 삼다수 마스터스	132	500,000	100,000	4,600
BOGNER MBN 여자 오픈	129	500,000	100,000	4,600
2015 하이원리조트 여자 오픈	144	800,000	160,000	7,360
한화금융 클래식 2015	132	1,200,000	300,000	11,160
이수그룹 제37회 KLPGA 챔피언십	132	700,000	140,000	6,440
KDB 대우증권 클래식 2015	132	600,000	120,000	5,520
YTN 볼빅 여자 오픈	132	500,000	100,000	4,650
OK저축은행 박세리 인비테이셔널	120	600,000	120,000	5,520
LPGA KEB · 하나은행 챔피언십	78	2,278,200 ($2,000,000)	341,730 ($300,000)	26,374 ($23,146)
KB금융 스타 챔피언십	120	700,000	140,000	6,510
서울경제 · 문영퀸즈파크 레이디스 클래식	108	500,000	100,000	4,600
ADT CAPS 챔피언십 2015	74	500,000	100,000	4,600
조선일보-포스코 챔피언십 2015	72	700,000	140,000	6,440
더퀸즈 프레젠티드 바이 코와	36	1,088,550 (¥100,000,000)	54,427 (¥5,000,000)	–
2015 현대차 중국 여자 오픈	64	626,780 ($550,000)	341,880 ($300,000)	26,377 ($23,146)
총 대회(31개) 상금		11,093,530	145,098	7,362

KLPGA는 2015년 기준 상위 20명의 연봉 평균이 4억 2,720만 7,000원으로 나타났다. 이는 KPGA의 2.3배에 달하는 규모이며, 상위 20명의 명단을 살펴보면 1위부터 5위까지의 상금이 5억 원 이상이다. 후원 업체는 금융권(NH투자증권, BC카드, 한화생명, 한화손해보험, KB금융그룹)을 중심으로 다양하다.[67]

• **KLPGA 상금 순위**(2015년 기준, 1~20위)

순위	이름	후원 업체	상금(천 원)
1	전인지	하이트진로	913,760
2	박성현	넵스	736,690
3	조윤지	NH투자증권	654,062
4	이정민	BC카드	642,437
5	고진영	넵스	533,505
6	배선우	삼천리	490,448
7	김민선5	CJ오쇼핑	452,513
8	김보경	요진건설산업	421,346
9	김해림	롯데	417,870
10	하민송	롯데	353,507
11	김혜윤	BC카드	345,539
12	김지현	한화	335,222
13	서연정	요진건설산업	328,565
14	이민영2	한화	309,142
15	이정은5	교촌F&B	282,879
16	장수연	롯데	278,773
17	오지현	KB금융그룹	273,505

18	안신애	해운대비치 골드앤리조트	266,463
19	안송이	KB금융그룹	259,912
20	김예진	요진건설산업	248,003
상위 20명 연봉 평균			427,207

미국 프로 골프^{PGA, LPGA}는 국내 프로 골프와 비교했을 때 등록 선수 수는 약 1.2배지만 대회 수가 약 2배 많고, 총 상금은 약 20배 차이가 난다.[68] 이로 인해 국내 프로 골프에서 우수한 성적을 보인 선수들이 미국 무대에 진출하는 경향을 보인다.

• **미국 프로 골프(PGA, LPGA) 선수와 대회, 총 상금 현황**

	미국 프로 골프		
	PGA	**LPGA**	**총계**
등록 선수 규모(명)	7,000	2,500	9,500
총 대회 수(개)	47	33	80
총 상금 액수(백만 달러)	326.1	61.6	387.7

LPGA, JLPGA 등 해외 여자 골프 리그에서 내국인 선수의 활약은 매우 두드러진다. 2015년 기준 LPGA 상위 10명에 박인비, 김세영, 양희영, 유소연 선수의 이름이 등재되어 있다. LPGA에서 활약하는 한국 선수 상위 10명이 받은 상금은 KLPGA 상위 선수 2명을 제외한 모든 선수의 상금에 비해 높은 수준이다. LPGA 주요 내국인 선수(상

위 10명)의 스폰서 업체의 특징은 금융권이 많다는 점이다. KB금융그룹(박인비, 이미향), 미래에셋(김세영), 하나금융그룹(유소연), BC카드(장하나), NH투자증권(이미림) 등 6명이 금융 관련 업체와 스폰서 계약을 맺고 있다.

일본의 JLPGA에는 상위 5위에 4명의 한국 선수가 등재되어 있을 정도로, 한국 선수들이 상당한 경쟁력을 보이고 있다. JLPGA 1위 이보미의 상금(약 2억 3,000만 엔, 한화 약 21억 6,000만 원)이 LPGA 4위 김세영의 상금(약 182만 달러, 한화 약 20억 2,000만 원)을 웃돌 정도로 LPGA 못지않은 상금 규모를 보이고 있다. 국내와 미국 리그와는 달리 JLPGA에서 활약하는 한국 선수들은 일본 현지에 거점을 둔 업체와 후원 계약을 맺은 것이 특징이다.

• **JLPGA 내 주요 한국인 선수 상금 순위**(2015년 기준)

전체 순위(내국인 선수 중 순위)	이름	후원 업체	상금(엔)
1(1)	이보미	혼마골프	230,497,057
3(2)	신지애	스리본드	114,861,293
4(3)	안선주	요넥스	105,204,082
5(4)	이지희	–	101,127,369

프로 골프 선수 개인 후원 계약 현황[69]

KPGA와 KLPGA 소속 전체 선수의 스폰서 현황을 분석한 결과, 총 180명(KPGA 80명, KLPGA 100명)의 선수가 84개 기업과 후원 계약을 맺고 있다. 통계청에서 발행한 한국표준산업분류 중 대분류를 기준으로 후원 기업을 업종별로 분류한 결과, 제조업이 38개로 가장 많았고, 금융·보험업(12), 건설업(7), 도·소매업(5), 숙박·음식점업(5), 예술·스포츠·여가 관련 서비스업(3), 출판·영상·방송통신·정보 서비스업(3), 전문·과학·기술 서비스업(2), 전기·가스·증기·수도 사업(1), 부동산·임대업(1), 협회·단체·수리·기타 개인 서비스업(1), 보건 사회복지 서비스업(1), 사업 시설 관리·사업 지원 서비스업, 운수업(1) 순이었다. 제조업체 38개 중 16개가 골프웨어와 골프 관련 상품을 주력 상품으로 한 업체로, 후원이 가장 활발하다. 그중 JDX멀티스포츠는 전체 후원 계약 업체 중 가장 많은 9명의 선수와 계약을 체결했다. 건설업 관련 업체와 금융·보험업 관련 업체(BC카드, 한화생명, 한화손해보험, BNK금융그룹, KB금융그룹, SBI저축은행, 미래에셋, 하나금융그룹), 도·소매 관련 업체(롯데하이마트, 토니모리, 폴스부띠끄) 등 특정 업종에서는 KLPGA 선수하고만 후원 계약을 체결하는 형태를 띠고 있다. 반면 일부 제조업체(캘러웨이, 휴셈, 타이틀리스트, 브리지스톤, 테일러메이드, 현대제철, 코웰, 나이키, 동아제약, 테나후, 히로야키골프 등)는 KPGA 선수하고만 후원 계약을 체결하는 점이 특징이다.

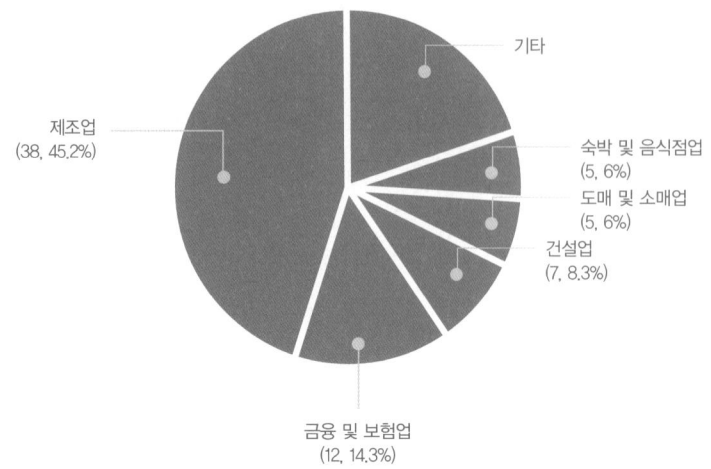

기타

숙박 및 음식점업
(5, 6%)

도매 및 소매업
(5, 6%)

건설업
(7, 8.3%)

제조업
(38, 45.2%)

금융 및 보험업
(12, 14.3%)

총 14개 업종, 84개 업체, 선수 180명(KPGA 80명, KLPGA 100명) 계약

　국민소득 향상과 함께 골프에 대한 관심이 증대되었고 이로 인해 프로 골프 광고 시장과 골프 산업이 급속하게 팽창하고 있다. 특히 골프 스폰서십은 일반 대중에게 메시지를 전달하는 데 탁월한 마케팅 효과를 발휘한다. 특히 한국 여자 골프 대표팀의 박인비 선수가 리우 올림픽에서 금메달을 획득하면서 한국 여자 골프의 위상을 다시 한 번 확인시켜주었다. LPGA, JLPGA, KLPGA 등 여러 국가의 프로대회에서 한국 선수의 꾸준한 활약이 지속되는 한 여자 골프 선수 시장은 꾸준히 성장할 것이다.

chapter **3**

국내외 스포츠
에이전트 제도

8

국내 스포츠 에이전트와
━━━━━━━ 에이전시 현황

국내 스포츠 마케팅의 시장 규모는 약 2조 원이고, 두 각을 나타내는 주요 회사로는 갤럭시아SM(전 IB월드와이드), 스포티즌, 세마스포츠 마케팅 등을 꼽을 수 있다. 이 업체들은 모두 스포츠 에이전트를 주요 업무 중 하나로 취급하며 활발한 움직임을 보이고 있다.[70] 갤럭시아SM은 스포츠 마케팅으로 명성이 높은 IB월드와이드와 스타 매니지먼트 노하우로 유명한 SM엔터테인먼트가 MOU(전략적 제휴와 유상증자)를 체결해 설립되었다. 갤럭시아SM은 스포츠와 엔터테인먼트를 결합해 무한한 가능성을 지닌 스포테인먼트Sportainment 시장을 개척한다는 목표를 가지고 있다. 텍사스 레인저스 추신수, LPGA와 KLPGA에서 활약했고 리우 올림픽에서 금메달을 받은 박인비, 리듬체조 손연재, 소치 올림픽 쇼트트랙 금메달리스트 심석희 등 회사 규모에 걸맞게 총 6종목에서 30명의 매니지먼트를 전담하고 있다. 한국 스포츠의 대표 선수부터 신인 선수까지 계약 폭이 넓은 것이 특징이다.[71] 스포티즌은 벨기에 프로 축구팀 A.F.C 투비즈를 인수하고, 각종 스폰서십의 스포츠 프로모션을 주관하는 등 스포츠 마케팅 시장에서의 노하우가 검증된 회사다. 최근에는 네오플럭스와 보광창업투자, UTC인베스트먼트 등 벤처 캐피털 3곳과 YG엔터테인먼트 계열 YG플러스에서 90억 원 투자를 유치한 바 있어서 화제가 되었다. 에이전시 관련 업무에서는 프로 스포츠(축구) 분야에서 유망주를(별도의 축구 에이전시 법인 설립), 개인 스포츠에서 국가 대표와 메달리스트를 영입하는 성향을 보인다. 우선, 프로 축구 선수는 당사가 인수한 A.F.C 투비즈 소속 한국인 유망주 3명(이재건, 하승준, 오장원)과 전북 현대 소속 김민재, 부산 아이파크 소속 김문환 등의 매니지먼트를 담당하고 있으며, 스노우보드 국가 대표 김호준, 스키 프리스타일 하프파이프 국가 대표 김광진, 테니스 국가 대표 임용규, 정윤성 선수 등 개인 스포츠 메달리스트와 계약했다.[72]

세마스포츠 마케팅은 2000년대 초 LPGA 골프 스타 박세리의 매니지먼트사로 이름을 알리기 시작했고, 국내 스포츠 이벤트 분야에 '부분 인수underwriting'라는 개념을 처음 도입한 회사다. 부분 인수는 스포츠 이벤트를 개최하고자 하는 기업에게 최소 비용을 받은 뒤 일정 부분의 개최 권리를 넘겨받아 운영하는 방식으로, 스타 섭외와 행사 운영 등의 노하우를 활용해 흥행성을 극대화한 뒤 수익을 나누어 갖는다. 2004년과 2008년 각각 한국을 처음 방문한 '골프 황제' 타이거 우즈와 '축구 스타' 데이비드 베컴도 이벤트 권리를 지닌 세마스포츠의 작품이었다. 선수 매니지먼트 측면에서는 개인 종목 선수만 영입하며 박세리, 최나연, 신지애 등 주로 LPGA와 KLPGA 핵심 선수의 매니지먼트를 담당하고 있다. 또한 선수 매니지먼트의 주 업무 영역인 '유망 선수 관리' 측면에 맞게 테니스 장은세, 스키 전진원 등 기타 개인 스포츠에서는 유망주와 계약하는 성향을 보인다.[73]

주요 업체 외에도, 다양한 형태의 스포츠 마케팅 관련 업체가 스포츠 에이전트 시장의 문을 두드리고 있다. 법무법인 충정은 2015년 말 '스포츠 · 엔터테인먼트 팀'을 구성하며 프로 야구를 중심으로 스포츠 에이전트 사업을 시작했다. 스포츠 에이전트로 일하는 변호사는 상당수 있지만, 이처럼 법무법인에서 팀을 조직해 에이전트 사업에 뛰어든 것은 국내 최초다. 충정은 자사의 특기인 '법률 서비스' 외에도 군사용 레이더를 이용한 투구와 타구 측정 시스템 '트랙맨'과 제휴해 객관성 있는 데이터를 토대로 선수의 연봉 산정 관련 전문 서비스를 시행할 계획으로 알려졌다.

업무상 선수들과 친밀한 관계를 다지고 있는 용품 유통 · 머천다이징 업체도 스포츠 에이전트 시장에 도전하고 있다.[74] 브리온컴퍼니는 나이키 베이스볼, 뉴밸런스 베이스볼 등의 총판 업무를 골자로 하는 회사로, LG전자 글로벌 스포츠 마케팅 파트너십 체결을 토대로 LA 다저스, 신시내티 레즈 등 각종 MLB구단의 스폰서십 업무도 진행하고 있다. 선수 에이전트로는 스피드스케이팅 금메달리스트 이상화, 박승희 등 빙상 종목 선수들과 최정, 김강민, 이종욱, 정근우 등 야구 선수의 에이전트 역할을 담당하고 있는 것으로 알려져 있다.[75]

프로 야구 SK 와이번스, 롯데 자이언츠, 두산 베어스, 프로 농구 SK 나이츠, 삼성 썬더스, K리그 클래식 울산 현대, 인천 유나이티드, K리그 챌린지 FC 안양 등 각종 프로 스포츠 구단과 머천다이징 계약을 맺고 있는 NXT인터내셔널도 2007년부터 스포츠 에이전트 관련 업무를 주요 업무로 취급하며 야구 선수 노경은, 함덕주, 정인욱과 전 리듬체조 선수이자 현 프로 볼링 선수 신수지의 에이전트 역할을 담당하고 있는 것으로 나타났다.[76]

주요 스포츠 마케팅 업체를 중심으로 스포츠 에이전시 사업을 운영 중인 스포츠 마케팅 업계의 업무상 공통점을 살펴보면 첫째, 에이전시 사업 외에도 스폰서십, 프로모션, 이벤트 등 마케팅 분야를 주 업무 영역으로 설정했음을 수 있다. 이는 각 업체의 마케팅 네트워크를 통해 소속 선수의 광고나 이벤트 등 추가 매출과 인지도를 높일 수 있어 에이전시 사업 전반에서 중요한 경쟁력이 된다. 둘째, 이적과 스카우트에 대비해 법률·회계 등 제반 시스템을 갖추고 있다. 각 업체가 지니지 못한 전문 분야에 대한 자문, 지원 역량을 갖추기 위해 많은 관련 업체와 협력 관계를 유지하고 있다. 갤럭시아SM은 의료 (솔병원, 차움), 법률(법무법인 태평양, 법무법인 서정), 회계·사무(삼일회계 법인)로 구성된 선수 지원 네트워크를 보유 중이다. 반대로 법무법인 충정과 같이 전문적인 업체가 에이전시 사업에 진출하는 경우도 있다. 셋째, 홍보와 경기력 지원 시스템을 구축하고 있다. 스포츠 선수의 일거수일투족은 언론과 팬의 표적이 되기도 한다. 경기장 안팎에서 부주의한 행동을 하면 구설수에 오를 수 있다. 그래서 매사에 조심스럽고 성숙한 태도가 요구되는데 만약 문제가 생기면 선수가 성급하게 대처하기보다 에이전트가 나서서 현명하게 문제를 해결할 수 있도록 돕는다. 선수의 실력 향상을 위한 경기력 지원 시스템은 특히 개인 종목 선수에게 효과적으로 적용될 수 있다. 이는 종목과 선수에 맞는 훈련 프로그램과 시설, 스태프 등을 마련해 선수에게 제공하는 시스템이다. 선수의 경기력을 진작시키기 위한 훈련 시설 마련이나 전문 트레이너 고용도 에이전트의 역할이다.

'1인 에이전트'는 다양한 업체와 협력 관계를 체결하는 에이전시에 비해 규모는 작지만 에이전트 본연의 역할인 연봉 협상, 구단과의 접촉 등에서 역량을 발휘한다. 법무법인 에이펙스 소속 장달영 변호사 같이 전문 자격 보유자의 개인 에이전트 활동이 눈에 띈다. 하지만 전문 자격 보유자만 에이전트 업계에서 근무하는 것은 아니다. 프로 농구 1세대 에이전트라고 불리는 서동규 에이전트처럼 국제 스포츠 산업 정세, 통계 등 관련 업무를 지원하는 전문 에이전트도 각 분야에 다수 존재한다. 특히, 서동규 에이전트는 비스스포츠라는 1인 에이전시를 운영하면서 네트워크를 통한 전문가 지원 서비스를 제공하는 등 대형 에이전시에 준하는 서비스도 제공한다.

하지만 대형 에이전시가 속속 등장하면 '1인 에이전트'는 시장 선점에서 밀릴 여지가 다분하기 때문에 다른 경쟁 업체와의 비교우위를 높이기 위해 차별화된 전략이 반드시 필요하다. 실제로 미국과 같이 에이전트 제도가 활성화된 시장에서는 이미 '20/80의 법칙'이 나타났다. 20퍼센트의 에이전트가 80퍼센트의 선수를 대리하고 있어서 신규 에이전트의 스포츠 시장 진입이 매우 어렵다. 에이전트 활성화라는 소기의 목적을 달성하기 위해서, 일부 에이전트를 포함한 에이전시의 지나친 시장 장악력을 어떻게 견제할 것인가에 대해 진지하게 논의해야 한다.

1995년 박찬호 선수를 시작으로 한국 선수들은 꾸준히 MLB 문을 두드리고 있다. 현재 한국인 메이저 리거 여러 명이 활약하고 있지만, 박병호와 같이 MLB에 적응하기 위해 시간이 필요한 선수도 있고, 류현진처럼 부상을 당해 기대만큼의 활약을 하지 못하는 선수도 있다. 데뷔 첫 해에 많은 팬에게 깊은 인상을 남기며 시즌을 성공적으로 마친 선수들이 있다. 바로 세인트루이스 카디널스의 마무리 투수로 우뚝 선 오승환과 시즌 초 마이너 리그로 강등당할 수 있는 상황에서 '거부 옵션'을 사용해 MLB에 남아 끝까지 좋은 활약을 펼쳤던 김현수가 그 주인공이다. 그들의 멋진 활약을 기대했던 많은 팬 뒤에서 숨죽이며 아낌없이 지원했던 사람들이 있다. 바로 그들의 에이전트인 스포츠인텔리전스 김동욱 대표와 리코스포츠 에이전시 이예랑 대표다. 이들이 말하는 스포츠 에이전트에 대한 생각을 들어보자.

이름 김동욱

소속과 직책 ㈜스포츠인텔리전스그룹 대표이사

학력

– 경희대학교 체육대학원 스포츠커뮤니케이션융합전

공(스포츠산업경영 석사)

경력

– 2013년 5월~현재(3년 5개월) : ㈜스포츠인텔리전스그룹 대표이사

– 2012년 2월~2013년 4월 : ㈜IB스포츠 팀장(국장)

– 2007년 10월~2012년 1월 : 푸마코리아 유한회사 마케팅 실장

–2002년 1월~2007년 9월 : ㈜이랜드 푸마 사업부 마케팅팀 과장

–2000년 8월~2001년 11월 : ㈜제네럴스포츠 마케팅팀

현재 소속 선수

오승환(세인트루이스 카디널스), 임창용(KIA 타이거즈), 최형우(KIA 타이거즈), 이대은(전

지바 롯데 마린스), 하재훈(야쿠르트 스왈로스), 임태훈(일본 독립 리그 후쿠이 미러클 엘

리펀츠), 남윤성(SK 와이번스), 강경덕(미국 독립 리그, 파고–무어헤드 레드호크스) 등

질문과 답변

• 스포츠 산업으로 진출하게 된 계기는 무엇입니까?

어려서부터 야구, 축구를 좋아했고, 태권도는 공인 3단이었습니다. 특히 수영과 스

키, 윈드서핑은 중학교 때까지 선수생활을 할 정도로 수준급이었습니다. 고등학교

때는 대학에 가야 해서 운동 대신 프로 야구를 보면서 스트레스를 풀었습니다. 대학 진학 후에 다시 스포츠와 여행을 즐기면서 스포츠 마케팅이란 분야에 흥미를 갖기 시작했습니다. 스포츠 마케팅 동아리에 들어가서 스터디도 하고 여러 선배를 따라다니며 스포츠 관련 산업의 직장을 구하겠다고 마음먹었습니다. 처음 일하게 된 곳은 작은 스포츠 마케팅 회사였습니다. 그곳에서 2002년 월드컵 관련 프로모션 업무를 진행하다가 푸마라는 글로벌 스포츠 용품 브랜드에 입사해 선수와 팀 스폰서십, 이벤트 개최 등 스포츠 마케팅을 배우게 되었습니다.

• 어떻게 스포츠 에이전트로 활동하게 되었는지요?

푸마 마케팅팀에서 했던 주된 업무가 용품 스폰서십이었습니다. 자연스럽게 축구 선수를 비롯해 용품이 필요한 여러 종목 선수들을 알게 되었지요. 독일 본사의 마케팅팀에서 육상 선수 우사인 볼트의 글로벌 마케팅 PM을 맡으면서 선수 매니지먼트에 대한 지식을 많이 갖추게 되었습니다. 제가 브랜드에서 담당했던 종목은 축구, 모터스포츠, 육상 등이었는데, 정작 가장 좋아하는 종목은 야구였기에 항상 야구 관련 업무를 하고 싶다는 꿈을 버리지 않았습니다. 그러던 중 푸마에서 야구 사업을 준비하게 되었고, 그 즈음 우연한 기회에 오승환 선수와 개인적인 친분을 쌓게 되었습니다. 몇 년이 흘러 오승환 선수가 해외에 진출할 시기가 되었고, 오 선수와 저는 우리가 좋아하는 야구에서 제대로 힘을 합쳐보자고 뜻을 모아 에이전트 업무를 처음 진행하게 되었습니다.

• 스포츠 에이전트로서 가장 보람 있던 순간은 언제였나요?

우리 소속 선수가 계약 팀에서 인정받고 좋은 성적을 거두었을 때입니다.

• 스포츠 에이전트로 활동하면서 느끼는 어려움과 장벽은 무엇인지요?

아직까지 우리 사회에서나 구단에서는 에이전트에 대한 시선이 좋지 않습니다. 아주 전문적인 업무임에도 선수를 팔아서 돈을 버는 브로커 정도로 바라보고 있지요. 에이전트의 말은 신뢰하지 않는 경우가 많습니다. 이럴 때가 가장 힘들지요.

• 스포츠 에이전트로 활동하면서 가장 중요하다고 생각하는 업무는요?

에이전트 업무는 다른 사람의 일을 대신 처리해주는 것입니다. 내 자신의 일이라면 설령 실수나 실패를 하더라도 스스로 책임지고 손해를 감수하면 되지만, 대리인은 타인을 대신해서 일하기 때문에 그 피해가 고객인 선수에게 돌아가지요. 그러므로 작은 일이든 큰일이든 어느 것 하나 중요하지 않은 것이 없습니다. 예를 들자면, 100억 원짜리 계약을 따내는 것과, 인터뷰 자리에서 잠깐 말 한마디 실수를 해서 선수 이미지에 피해가 가는 일 중에 무엇이 더 중요하냐면 둘 다 중요하다는 것이지요.

• 스포츠 에이전트에게 가장 필요한 자질은 무엇이라고 생각하나요?

책임감이지요. 항상 한 치의 오차나 실수 없이 업무를 처리하려고 노력합니다.

• 앞으로 한국의 스포츠 에이전트 시장을 어떻게 전망하나요?

한국의 프로 스포츠는 질적, 양적으로 많이 성장했고, 앞으로도 더 큰 성장 가능성을 지니고 있습니다. 그에 비해 에이전트 시장은 아직 시작도 하지 않았지요. 그렇기에 우리 프로 스포츠 규모에 맞게 성장하기 위해서는 앞으로 큰 발전이 필요하니다. 시장성은 분명 있다고 생각해요. 하지만 국내 시장은 해외 빅마켓에 비해 작은 것이 현실입니다. 그렇기에 아주 빠른 시간 내에 에이전트 시장이 포화 상태가 될 것이라고 생각합니다. 국내 에이전트가 국내 시장이 포화 상태가 되었을 때 해외 시장에서 경쟁력을 갖추게 될 것인가가 관건이라고 생각합니다. 국내 스포츠 에이전트 시장에서 양질의 에이전트가 많이 생기길 바랍니다.

• 스포츠 에이전트로서 앞으로의 꿈이 있다면 무엇인가요?

많은 선수를 보유한 최고의 에이전트가 되고 싶은 생각은 없습니다. 하지만 나와 함께하면 언제든 좋은 일이 생긴다는 생각을 갖고 신뢰하는 선수들과 오랫동안 함께하고 싶습니다. 다시 말해서 가장 규모가 큰 에이전시가 아니라 선수들이 가장 선호하는 에이전트가 되는 것이 꿈이지요. 에이전트로서 선수들을 관리하고 도움을 주는 현재에 만족하고 있고, 그들과 함께 건전한 스포츠 문화를 만드는 일을 하고 싶습니다.

• 스포츠 에이전트를 꿈꾸는 이들에게 조언하고 싶은 것은 무엇입니까?

스포츠 에이전트를 선수와 구단을 중개해 돈을 버는 정도로만 생각하면 안 됩니다. 정말 힘든 일이고 많은 업무는 물론 막중한 책임이 동반되는 어려운 직업 중의 하나입니다. 스포츠 산업 전반에 대한 이해를 키웠으면 좋겠고, 조직에서의 경험을 통해 소통 방법을 배우는 것이 중요합니다. 에이전트에게는 선수뿐만 아니라 구단, 언론, 심지어 팬도 고객입니다. 이들과 효과적인 커뮤니케이션을 할 수 있는 역량을 키우기 바랍니다. 협상 능력은 그보다 한참 다음의 일이지요.

이름 이예랑

소속과 직책 ㈜리코스포츠에이전시 대표이사

학력

－서던캘리포니아 대학원 커뮤니케이션 석사

경력

－ 볼티모어 오리올스 김현수 2년 700만 달러 계약

－ 미네소타 트윈스 박병호, 피츠버그 파이리어츠 강정호 국내 매니지먼트 계약

－ 시카고 컵스 권광민 120만 달러 계약

질문과 답변

• 스포츠 산업으로 진출하게 된 계기는 무엇이고 어떻게 스포츠 에이전트로 활동하게 되었는지요?

처음부터 스포츠 에이전트가 되겠다고 생각했던 것은 아닙니다. 예전부터 알고 지내던 스포츠 선수들이 있었는데, 그들에게 다양한 방면에서 조언을 해주다 인연이 되어 공부를 시작하게 되었습니다. 선수들에게 전문적으로 도움을 주고 싶은 마음이 강했지요. 미국에서 커뮤니케이션과 마케팅, 스포츠 매니지먼트를 공부하면서 에이전트 업무를 습득하려고 노력했고, 인적 네트워크를 동원해 이 일을 시작하게 되었습니다.

• 스포츠 에이전트로서 가장 보람 있던 순간은 언제였나요?

친한 선수들끼리 에이전트를 추천해주는 경우가 있는데, 선수들이 저를 좋은 에이전트라고 소개해줄 때 저를 신뢰한다는 게 느껴져서 보람을 느낍니다. 사실 운동선수들은 표현을 잘 안 하는 편인데 제게 "고맙다"고 이야기해주고 사소한 것이라도 표현해주면 정말 기쁩답니다. 특히, 조성환 위원은 저를 만나기 전과 후로 인생이 바뀌었다는 말을 하면서 고마움을 표현했는데 제게도 큰 힘이 되었습니다.

• 소속 선수들은 몇 명인가요?

소속 선수는 25명인데, 그중 국내 선수는 밝히기가 조심스럽네요. 구단 계약과 국내 매니지먼트로 나눌 수 있는데, 김현수 선수는 국내 · 국외 상관없이 전체 관리(계약+매니지먼트)를 하고 있고, 강정호 선수와 박병호 선수는 국내 매니지먼트만 하고 있습니다. 은퇴한 선수로는 장성호 위원, 조성환 위원 등이 있습니다.

• 스포츠 에이전트로 활동하면서 느끼는 어려움과 장벽은 무엇인지요?

선수들이 수술을 하거나 컨디션이 안 좋아져서, 가정사로 슬럼프를 겪을 때 에이전트로서 해줄 수 있는 게 없는 상황이 생기곤 하는데 그때가 가장 힘겹습니다. 어려운 상황에 처한 선수에게 위로의 말을 진심을 담아 전하고 싶은데 메시지 하나 보내는 것도 신경이 쓰이곤 합니다. 제가 여성 에이전트라서 시장진입에 장벽이 높았다고 생각하는 분이 많은데, 저는 여성으로서의 별다른 장벽을 느끼지 못했습니다.

• 스포츠 에이전트로서 활동하면서 가장 중요하다고 생각하는 업무는요?

선수 계약이 가장 중요하다고 생각합니다. 사실 뭐 하나 덜 중요한 것 없이 모두 중요한데, 좋은 계약을 하기 위해서는 선수가 좋은 성적을 내야 하지요. 또 좋은 성적을 내기 위해서는 선수의 모든 부분에 신경을 써야 합니다. 한 예로, 김현수 선수가 평소에 쓰고 싶어 하는 배트를 어렵게 미국에서 공수해온 적이 있습니다. 그 이후에 김현수 선수가 그 배트를 쓰며 좋은 성적을 냈는데, 물론 그 배트가 좋았을 수도 있지만 선수의 심리적 안정에 도움이 되지 않았나 생각해요. 좋은 계약을 이끌어가기 위해서 선수들을 관리하는 수많은 일이 모두 중요하다고 생각합니다.

• 스포츠 에이전트에게 가장 필요한 자질은 무엇이라고 생각하나요?

가장 중요한 것은 직업윤리라고 생각합니다. 첫 번째가 정직함, 두 번째가 비밀 유지, 세 번째가 선수의 권익을 먼저 생각하는 마음이지요. 에이전트는 선수가 판단을 해줄 수 있도록 도와주는 사람이기 때문에 선수에게 솔직한 것도 중요하다고 봅니다. 선수들에게 거짓 없이 선수와 관련해 발생하는 모든 일을 솔직하게 말해줄 필요가 있다고 생각합니다.

• 앞으로 한국 스포츠 에이전트 시장의 전망은 어떤가요? 에이전트를 꿈꾸는 이들에게 조언을 한다면요?

전망이 밝을지 어두울지는 모르겠지만 경쟁이 치열할 것이라는 생각이 듭니다. 에이전트 시장은 더 전문적으로 발전할 것이고, 그렇기 때문에 스포츠 에이전트를 꿈꾸는 사람이라면 더 많이 고민하고, 공부하고, 준비해야겠지요. 이 일에 대한 열정이 있는지 먼저 고민해보고 단순히 '선수들과 친하게 지내고 싶다', '이 일이 멋 있다' 하는 생각으로 에이전트라는 직업에 접근하지 않았으면 좋겠습니다. 무엇보다도 이 분야를 어떻게 더 발전시킬 수 있을지 진지하게 고민해보길 바랍니다.

• 스포츠 에이전트로서 앞으로의 꿈이 있다면 무엇인가요?

선수와 관련된 일에서만큼은 누구보다 전문적인 지식을 갖추어 일도 잘하고, 선수도 위하는 좋은 에이전트가 되는 게 꿈입니다. 또한 스포츠 시장에서 '상생'과 '사회 공헌'이 자리 잡도록 노력하고 싶습니다. 선수의 연봉뿐만 아니라 스포츠 시장의 전반적인 파이를 키워 이 업종에서 일하는 사람들이 함께 상생했으면 좋겠습니다. 선수들과 스포츠를 통해 사회 공헌에 이바지하고 싶습니다. 한국의 스포츠 산업과 에이전트 시장의 가치를 높이는 데 기여하는 좋은 에이전트가 되기 위해 열심히 노력하겠습니다.

국제 스포츠 기구 내 한국인 에이전트 현황

국내에는 이미 국제기구에서 발급하는 자격증을 지니고 업무를 하는 에이전트들이 있다. 국제농구연맹FIBA, 국제배구연맹FIVB은 에이전트 자격증을 활성화시키기 위해 등록제를 운영하고 있다. 국제축구연맹FIFA은 2014년 6월 제64회 FIFA 총회에서 의결한 바에 따라 2015년 4월부터 기존 제도를 폐지하고, 중개인 제도를 새로이 도입했다. 국내 에이전트는 외국인 선수의 국내 리그 진입을 돕는 역할을 주로 수행하지만, 일부 국내 에이전트는 내국인 선수의 해외 진출을 돕기도 한다.

FIFA 중개인

2014년 6월 제64회 FIFA 총회에서 의결한 바에 따라 2015년 4월부터 기존의 에이전트 제도 대신 중개인 제도가 도입되었다. FIFA에는 총 71명의 국내 중개인이 등록되어 있다.[77] 이들 중 일부는 이영표, 이천수, 박주호 등 국가 대표급 선수들의 해외 이적을 추진한 지쎈, 수십 명의 K리그 선수를 거느린 스포츠하우스, 오앤디엔터테인먼트, 박지성 선수를 해외에 이적시킨 FS코퍼레이션, 기성용, 이청용, 지동원 등을 해외에 이적시킨 C2글로벌 등 이미 잘 알려진 에이전시에서 활약하고 있다. 새로운 에이전시와 개인 중개인도 상당수 등장했음을 알 수 있다. 가령, 엠비스포츠의 대표자는 홍명보다. 엠비스포츠는 2002년도에 설립되었는데, 스포츠 선수 이적 사업을 하는 법인 사업체라고 자사를 소개하고 있다. 엠비스포츠는 홍명보장학재단과 함께 활동하면서 홍명보어린이축구교실과 FC MB도 운영하고 있다. 미터즈스포츠매니지먼트는 스페인 마드리드에 사업장이 있으며, 아틀레티코 마드리드의 비즈니스 파트너이자 백승호, 이승우 선수가 뛰고 있는 바르셀로나 B와 판권 계약을 맺은 것으로 알려져 있다. 또한 서울권역을 벗어나 부산의 KBF 스포츠, 울산의 Remy 스포츠, 대구의 아우노후에고도 특징적이다. 동아시아 지역 축구 전문 매니지먼트사인 DJH 매니지먼트는 베트남의 전도유망한 선수인 쯔엉을, 굿앳은 여자축구의 '심스타' 심서연을 매니지먼트하고 있는 것도 특징이다.

• FIFA 공식 등록 국내 중개인

번호	성명	소속
1	강성주	아이비월드와이드
2	고재형	N/A
3	고학부	㈜늘푸른투자개발
4	권일	스포츠하우스
5	권재원	㈜아우노후에고
6	권혁준	엠 스포츠
7	김도준	HBR Sports Korea
8	김동현	제이케이스포츠
9	김부럼	스포츠에이지먼트 (Sports-Ageement)
10	김성호	에프에스코프
11	김승태	㈜티아이스포츠엔터테인먼트
12	김양희	㈜오앤디엔터테인먼트
13	김재현	㈜지에스엠
14	김진수	㈜데포드티보 안토니오
15	김청일	N/A
16	남평우	N/A
17	류제니	N/A
18	맹성민	쎈 스포츠
19	박대화	듀즈스포츠
20	박성찬	㈜티핑포인트프로듀서
21	박승현	㈜엠비스포츠
22	박영곤	미터즈 스포츠 매니지먼트

23	박일흠	N/A	48	이신호	Sinosports
24	박정민	풋볼에이드	49	이영중	이반스포츠
25	박진영	N/A	50	이진웅	N/A
26	박진휘	JJ 스포츠	51	이철호	에프에스코프
27	방호석	이카루스 스포테인먼트	52	임영빈	바이컴스포츠
28	변영신	베네스포츠	53	전용준	C2 Global
29	송인재	N/A	54	전재홍	㈜굿앳
30	송희경	S2 Management	55	정동재	㈜스포투어에이전시
31	신영락	㈜스포컬스	56	정현민	㈜리버티스포츠
32	신지호	KBF Sports	57	조상현	SW Management
33	심규완	심스포츠	58	조성진	㈜피티앤씨
34	위효선	N/A	59	조주삼	N/A
35	유택형	㈜지쎈	60	조호연	탑씨드에이전시
36	윤기영	㈜인스포코리아	61	진정규	CORESports
37	윤응구	EG스포츠 매니지먼트	62	차형호	CU스포츠
38	윤중호	TLS	63	천상민	에스엠푸트발
39	이경호	위드플레이어	64	최동현	그라운드스타 스포츠그룹
40	이동엽	㈜스포츠앤드비즈니스컴퍼니	65	최동현	CL 스포츠컴퍼니
41	이동준	DJH 매니지먼트	66	최승호	BG Sports
42	이민교	손짓사랑	67	추연구	C2 Global
43	이상민	Remy Sports	68	허성구	투웰브매니지먼트 아시아
44	이상호	㈜KH인터내셔널	69	허주영	다이요스포츠코퍼레이션
45	이선우	N/A	70	허찬	위닝찬스스포츠
46	이승렬	리엔파트너스	71	황의현	N/A
47	이승태	듀즈			

이름 김양희

경력

㈜오앤디엔터테인먼트 대표

－우리은행 명예지점장 부회장

－㈜코판아이 대표

－창업컨설팅 대표

－㈜외환은행 대리

현재 소속 선수

곽태휘, 고요한, 유현, 정인환(FC 서울 소속), 한교원(전북 현대), 김치곤, 김태환, 정승현(울산 현대 소속), 세르베르 제파로프(우즈베키스탄 국가 대표), 기타 외국인 지도자 외 46명

질문과 답변

• 스포츠 산업으로 진출하게 된 계기는 무엇입니까?

유년시절부터 활동적이었고 운동에 소질이 있다 보니 자연스럽게 스포츠에 호기심을 갖게 되었습니다. 선수생활을 거치면서 그 호기심으로 스포츠 분야의 연관 사업에 대해 고민하면서 정보를 찾아보았습니다. 그러다가 에이전트로 진로를 구체화하게 되었지요. 무엇보다도 비전이 있을 것이라는 생각이 들었습니다.

• 어떻게 스포츠 에이전트로 활동하게 되었는지요?

중학교 때 농구를 시작했고 고등학교 졸업을 앞두고 외환은행(당시 프로팀) 드래프트 지명을 받아 입단하게 되었습니다. 하지만 몇 년 후, 갑자기 허리 부상을 당해 생각지 않게 프로 생활을 접게 되었습니다. 그러고는 불투명해진 미래를 고민하며 인생의 기로에 놓였지요. 못 다한 학업과 병행할 수 있게 외환은행에서 지원해주어 5년간 은행원으로 근무했습니다. 하지만 늘 스포츠에 미련이 남아 있었고, 평소 선후배 사이로 지내오던 김태영, 노상래, 김도훈 같은 축구 선수들과 만나 얘기를 하다가 의외로 그들이 진로에 대한 고민을 많이 하고 있다는 것을 알게 되었지요. 그 순간 '나와 같은 처지에 놓일 수 있는 선수들의 인생을 대신 준비해주는 사람이 있다면 좋지 않을까?' 하는 생각이 들었습니다. 〈제리 맥과이어〉라는 영화를 보고 나서 '에이전트'라는 직업에 대해 구체적으로 알게 되었고, 잘할 수 있다는 확신을 갖게 되었습니다. 본격적인 정보 수집과 시장조사를 시작하면서 아직 체계적으로 자리 잡지는 않았지만 무역업을 하던 몇몇 분이 이 일을 하고 있다는 것을 알게 되었습니다.

• 스포츠 에이전트로서 가장 보람 있던 순간은 언제였나요?

이운재나 김태영, 이을용 선수 같이 이미 A급으로 성장한 선수를 관리하는 것보다는 아마추어 선수를 발굴해서 대표 선수로 성장시키면서 얻는 성취감이 정말 보람차고 기뻤습니다. 백지훈, 김진규 같은 선수는 고등학교를 졸업하고 프로에 입단했는데, 청소년 대표 시절부터 국가 대표가 될 때까지 성장시켰습니다. 김동진, 김치곤, 김치우, 정인환, 이승렬, 고요한, 곽태휘 선수에 이르기까지 수많은 선수의 성장을 경험하면서 많은 보람과 희열을 느꼈습니다. 하지만 무엇보다 감동적이었던 순간은 시즌이 끝나고 한국프로축구연맹 주최로 K리그 전체 클럽 선수 중에 곽태휘 선수가 '포지션별 베스트 11'에 선발되어 시상을 할 때 였습니다. 그 자리에서 곽태휘 선수가 수상 소감으로 "이 자리에 서게 해준 에이전트 김양희 사장님께 감사드립니다"라고 말하더군요. 선수가 수상소감을 말하는데 에이전트에게 감사를 표현한 것은 처음이라며 그 자리에 참석한 관계자들에게 축하 인사를 받았습니다. 선수들이 야생마처럼 그라운드를 누비다가 멋진 승리로 손을 흔들면 엄지 척 하고 들어 올리며 화답하는데. 이게 바로 제가 이 직업을 사랑하고 애착을 갖는 이유입니다.

• 스포츠 에이전트로서 활동하면서 느끼는 어려움과 장벽은 무엇인지요?

많이 변해가고는 있지만 비즈니스 파트너로서 정당한 포지션을 인정받지 못하는 현실의 장벽이 느껴질 때 힘듭니다. 갑과 을의 관계에서 항상 을의 입장이다보니 권리와 의무의 불균형에서 오는 딜레마가 있어요. 구단이나 선수들이 내게 요구하는 의무와, 내가 그들에게 보장받아야 할 권리의 밸런스가 맞지 않을 때가 있습니다. 이런 부조화는 시장의 발전과 유연성을 저해하고, 결국 피해는 에이전트뿐만 아니라 구단이나 선수들에게 보이지 않게 돌아간다고 생각합니다. 에이전트가 할 수 있는 일이 무엇인지 생각해보면 해답이 나올 겁니다. 어떤 거래든 지불이 빈약하다면 좋은 상품을 공급받을 수 없다는 것을 간과하는 것이 안타깝습니다.

• 스포츠 에이전트로 활동하면서 가장 중요하다고 생각하는 업무는 무엇인가요?

에이전트는 대리인으로 클라이언트의 일을 대행하는 것이기 때문에 계획에 실수나 차질이 발생해서는 안 됩니다. 특히 협상과 계약을 체결하는 일은 가장 크고 중요한 일이라고 할 수 있지요. 한 사람의 인생을 망칠 수 있고 그런 문제로 의뢰인은 인생의 큰 낭패를 당할 수 있기 때문에 절대 실수를 해서는 안 되고 철저하게 체크하고 다시 확인하는 꼼꼼함이 필요합니다.

• 스포츠 에이전트에게 가장 필요한 자질은 무엇이라고 생각하나요?

사람을 중요하게 생각하고 아끼는 휴머니즘이 기본이 되어야 한다고 생각해요. 에이전트는 대리인입니다. 내가 아닌 다른 이의 인생과 미래를 대신 고민하고 만들어가는 협상가이자 길라잡이인 것이지요. 도덕적인 사고와 책임감, 헌신하는 따뜻한 마음이 없다면 보람을 느끼지 못할 것입니다. 에이전트는 클라이언트라는 주인공을 빛나게 하는 아주 영향력 있는 조연이기 때문이에요. 에이전트의 역할에 따라서 클라이언트의 인생이 180도 바뀔 수도 있기 때문에 도덕적 양심과 책임 의식이 굉장히 중요한 덕목이라고 생각합니다.

• 앞으로 한국의 스포츠 에이전트 시장 전망은 어떨까요? 에이전트를 꿈꾸는 이들에게 조언을 한다면요?

성장하지 못했다는 것은 앞으로 성장할 가능성이 그만큼 많다는 뜻이라고 생각해요. 에이전트 분야에서 중요한 것은 '크게는 스포츠 시장 발전에 영향을 미칠 수 있는 관계 기관과 구단이나 선수 같은 의뢰인의 의지와 의식이 얼마만큼 변하느냐'라고 생각합니다. 그러한 의식의 변화와 의지가 결국 스포츠 산업의 성장에 큰 영향을 미치겠지요. 에이전트는 스포츠 산업의 자본 흐름에 활발한 매개체가 될 수 있습니다. 중국의 스포츠 산업 중에서도 축구 시장에 막대한 자본이 무섭게 투입되고, 축구가 성장하는 데는 이유가 있습니다. 정부의 적극적인 지원과 협조가 있기 때문이지요. 스포츠에 투자하는 것 이상으로 정부에서 받는 혜택이 상상을 초월하기 때문에 자본력 있는 큰 기업들이 앞 다투어 스포츠 시장에 투자를 하는 것입니다. 한국도 스포츠 산업이 발전하기 위해서는 적극적인 지원이 있어야 합니다. 그렇게 된다면 성장 가능성은 무궁무진할 겁니다. 엔터테인먼트 분야의 한류 바람이 성장하고 있는 것처럼요.

• 스포츠 에이전트로서 앞으로의 꿈이 있다면 무엇인가요?

어떻게 보면 에이전트 1세대의 노력으로 에이전트라는 직업을 정착시켰다고 볼 수 있어요. 우리의 발자취를 보고 스포츠 에이전트를 꿈꾸며 목표로 삼는 후배들을 위해 '어떻게 하면 밑거름을 탄탄히 만들어놓을 수 있을까?' 고민하게 됩니다. 그들이 에이전트 2막을 활짝 열어갈 수 있도록 열쇠를 만들어주고 싶습니다. 갑을 관계에서의 을이 아닌 공동 주체로서, 동등한 파트너로 인정받을 수 있는 포지션을 얻었으면 하는 바람입니다. 개인적인 꿈이라면 인재 육성 재단 같은 것을 만들어 인재 양성에 힘쓰고 싶습니다.

• 스포츠 에이전트를 꿈꾸는 이들에게 조언하고 싶은 것은 무엇입니까?

에이전트는 사람을 관리하고 세일즈하는 대리인이지요. 언제 어디서 변수가 발생할지 모르는 시한폭탄 같은 클라이언트를 대변하고 관리하는 직업입니다. 변덕스러운 선수들은 마음이 변하면 철새가 되기도 하고, 에이전트의 능력에 따라 영원한 동반자가 되기도 합니다. 슈퍼맨이 되어주길 바라는 그들의 욕구를 채워줄 수 있는 에이전트가 되어야 하지요. 과연 이런 것을 견뎌낼 수 있을지 깊이 생각해보길 바랍니다. 그들이 탐내는 능력을 갖춘다면 주인공 인생에 막대한 영향력을 끼치는 아주 특별한 조연이 될 수 있습니다. 에이전트는 '미다스의 손'과 같아요. 그리고 사람을 움직이는 가장 큰 힘은 마음입니다. 나의 마음이 그들 마음과 가까이 있는 것이 나와 내 주인공을 지켜주는 가장 큰 능력이 될 것입니다.

FIBA 에이전트

• FIBA 공식 등록 국내 에이전트

성명 (영문 등록명)	라이선스 ID	에이전시	소속 선수
최은동 (Choi Eun Dong)	2015503318	MCM, "Mr. Choi's Management"	―트로이 길렌워터 ―웬들 매키네스
김학수 (Kim Hak)	2013000645	CCI Management	―애런 헤인즈 ―크리스 메시
김성훈 (Kim Sung Hun)	2014501388	Kimchi Sports Agency	―김영옥 ―이경희 ―이문규(감독) ―임달식(감독) ―박선영
권재우 (Kwon Jaewoo)	2011022507	JD Sports Management	―키스 클랜턴 ―아이라 클라크 ―브라이언 데이비스 ―안드레 에밋 ―리차드 로비 ―리온 윌리엄스
임종석 (Lim Jong Suk)	2014501742	ISG	N/A
서동규 (Seo Dong Kyu)	2009020731	VIS Sports Corp	―말콤 배틀스 ―리 벤슨 ―오다티 블랭크슨 ―로렌조 데이비스 ―아미르 존슨 ―하믹 아미르 존슨 ―정선민 ―김지윤 ―앤서니 리처드슨 ―미셸 로버슨 ―토미 리 스미스
심영훈 (Shim Younghun)	2015503708	N/A	N/A

한국 국적을 갖고 FIBA$^{\text{International Basketball Federation}}$에 등록된 에이전트[78]의 역할을 살펴보면 해외 농구 선수의 한국 프로 농구^{KBL} 입성을 도와주는 경우가 많은 것을 알 수 있다. 트로이 길렌워터, 애런 헤인즈, 아이라 클라크, 안드레 에밋, 리 벤슨, 크리스 매시 등 KBL에서 정상급 활약을 펼친 선수들은 이처럼 에이전시의 도움을 받아 KBL에 입성했다. 특히, 1세대 농구 에이전트로 꼽히는 비스 스포츠의 서동규 에이전트와 JD 스포츠 매니지먼트의 권재우 에이전트는 미국에서 선수를 발굴해 KBL 진입을 돕는 대표적인 인물이다. 아울러 여자농구^{WKBL} 내국인 선수 코칭스태프들 역시 에이전트의 대상 고객이다. 에이전트의 도움을 받아 해외로 진출한 여자 농구 선수와 코칭스태프의 사례를 살펴보자. 김영옥 선수는 중국으로 진출해 헤이룽장 여자 농구팀 선수로 활약하고 있으며, 신세계(현 KEB하나은행)감독과 KDB생명 코치를 역임한 이문규 감독은 현재 상하이 옥토퍼스 구단의 지휘봉을 잡고 있다. 2009년부터 3년 동안 국가 대표팀 사령탑을 역임하고 2013~2014 시즌을 마지막으로 신한은행 감독직에서 물러난 임달식 감독은 중국 여자 프로 리그 산시 신루이의 지휘봉을 잡고 있다. 정선민(하나외환 코치)이 한국인 최초로 WNBA 시애틀 스톰 구단에 진출할 때도 에이전트의 도움을 받았다.[79]

FIVB 에이전트

2016년 대한배구협회에 등록된 FIVB$^{\text{Fédération Internationale de Volleyball}}$ 공식 등록 국내 에이전트는 모두 9명으로 알려져 있다.[80]

발급번호	이름	에이전시 업체명
kva-agt-1061	임근혁	인스포코리아
kva-agt-1062	진용주	유나이티드스포츠
kva-agt-1063	구선모	브리온컴퍼니
kva-agt-1064	이태호	N/A
kva-agt-1065	안태수	Hein Sports
kva-agt-1066	박남희	ILS Corp
kva-agt-1067	권재우	JD 스포츠
kva-agt-1068	김성훈	Vision International
kva-agt-1069	변원기	N/A

인스포코리아는 축구 전문 에이전시로, 월드 배구 스타인 김연경 (페네르바체 SK) 선수와 매니지먼트 계약을 하면서 널리 알려졌다. 브리온 컴퍼니는 2011년 설립된 스포츠 마케팅 기반의 에이전시로서 야구용품 유통사인 브리온스포츠(김감독닷컴)를 함께 운영하고 있다. 주로 이상화 선수를 비롯한 동계 종목 선수와 최정, 이종욱 같은 야구 선수를 매니지먼트하고 있다. ILS 코퍼레이션은 배구 분야에서 하경민, 밀로스 쿨라피치(한국전력) 선수 등을 매니지먼트했으며, 마델라이네 몬타뇨(인삼공사), 알레시아 리귤릭(기업은행), 브란키차 미하일로비치(현대건설) 등 주로 여자 배구 선수를 소개했다. JD 스포츠 매니지먼트의 권재우 에이전트는 FIBA 공인 에이전트로도 활동 중이며, 아이라 클라크(울산 모비스), 안드레 에밋(전주 KCC) 등을 매니지먼트

하고 있다. 2016~2017시즌 등록 에이전트는 아니지만 던 이카루스 스포츠는 배구 스타 문성민 선수와 손을 잡았고 김요한 선수는 IB 스포츠(현 갤럭시아SM)에 소속된 것으로 알려졌다.

9

미국과 일본의
에이전트 시장

      일본 프로 스포츠는 일본프로야구^{NPB}와 프로 축구(J리그)를 중심으로 규모가 계속 성장하고 있다. 일본에서 가장 인기 있는 프로 스포츠인 일본 프로 야구의 2016 시즌 선수 평균 연봉은 3,712만 엔(약 3억 8,300만 원)이다. 국내 프로 야구 선수의 평균 연봉인 1억 2,600여 만 원의 3배에 이르는 액수다.[81] J리그의 선수 평균 연봉은 2,106만 엔(약 2억 3,160만 원)[82]으로 K리그 클래식의 선수 평균 연봉인 1억 4,800여 만 원의 약 1.5배에 이른다.

  일본 프로 스포츠의 시장 규모와 선수의 연봉 규모는 해마다 증가하고 있고, 선수들은 대리인 선임을 통한 계약 교섭을 원하고 있다. 그러나 스포츠 에이전트 업무를 규제할 수 있는 규정이나 제도가 미비하며 구단과의 이해관계로 에이전트 제도가 정착되지 못하고 있는 상황이다. 이번 장에서는 NPB의 에이전트 제도 도입 상황과 문제점을 중심으로 알아보고, 야구 이외의 다른 종목 에이전트 제도 운영 현황에 대해서도 살펴보고자 한다.

NPB와 구단은 2000년 11월 오너 회의에서 2000년 시즌오프에 한해 선수 계약 갱신 교섭에 대리인이 관여하는 것으로 합의했다. 그 후 현재에 이르기까지 대리인의 계약 갱신 교섭이 가능하도록 하고 있다. 그러나 NPB가 에이전트 제도 도입으로 정한 조건에는 에이전 트 자격을 일본 변호사연합회 소속의 일본인 변호사에 한하며, 1명의 에이전트가 대리할 수 있는 선수는 1명으로 제한하고 있다. 이에 대 해 일본프로야구선수협회는 NPB가 정한 에이전트 자격과 조건에 다 른 공인 선수 대리인 규약을 제정하고, 일본프로야구선수회 공인 대 리인 제도를 추진했다.

일본프로야구선수회가 추진한 공인 대리인 제도에서는 에이전트

• **NPB–선수위원회 대리인 제도 주요사항 비교**[83]

NPB 대리인 제도(잠정 조건)	선수협의회 대리인 제도 추진안
대리인 자격 : 변호사	대리인 자격 : 변호사, 대리인 시험 합격자, 아메리카프로야구 선수회의 규약에 근거해 에이전트로 등록된 자.
복대리 : 대리인의 대리를 불인정.	보수 : 선수위원회에서 정한 보수 규정에 근거.
복수 선수와의 계약 금지 : 대리 계약 을 체결할 수 있는 선수를 1명으로 제 한함.	보고 의무 : 대리인 계약, 구단과 선수의 교섭, 계약 내용 등에 대해 선수회에 보고.
사전 통지 의무 : 대리인 교섭을 진행 하기 1주일 전에 관련 사항 통지 의무.	감독 : 대리인의 금지 행위를 규정하고, 위반 행위를 한 대리 인에 대해 등록 말소 등의 처분.

자격을 변호사뿐만 아니라 선수회가 시행하는 대리인 시험에 합격한 자도 포함시키고자 했으며, 대리인 제도의 등록과 관리를 선수회에서 하도록 규정했다. 그러나 NPB는 일본선수위원회에서 시행하고자 한 일본프로야구선수회 공인 선수 대리인 규약을 승인하지 않고 있는 상태다.

에이전트 제도에 대한 인식은?

일본프로야구선수회Japanese Professional Baseball Players Association가 2000년 에이전트 제도 도입에 앞서 행한 설문조사에 대다수의 선수가 계약 교섭을 할 때 대리인을 통한 협상을 할 수 있게 하는 것이 바람직하다고 응답했다. 선수들은 첫 번째, 에이전트를 통해 선수가 구단 담당자와 직접 교섭하면 말하기 어려운 부분을 얘기할 수 있다는 점, 두 번째, 선수 스스로 교섭과 연봉 조정을 할 경우 선수에 대한 부정적 이미지로 보도되는 점을 방지할 수 있다는 점, 세 번째, 외국인 선수에 대해 대리인 교섭이 인정되는 반면 일본인 선수에 대해 에이전트 제도를 인정하지 않는 것은 형평성에 어긋난다는 점, 네 번째, 오프 시즌 기간에 운동에 전념할 수 있다는 점을 들어 에이전트 제도에 찬성하고 있었다.[84]

선수 측이 에이전트를 통한 교섭을 바라고 있는 반면, 구단은 선수들이 에이전트를 고용하면 구단과 선수 간의 신뢰에 타격을 입을 수 있다고 우려한다. 현재 에이전트 제도를 시행하고 있지만 구단 측은 사실상 에이전트를 통한 협상을 선호하지 않는다. 그 대표적인 예로

NPB의 최고 인기구단인 요미우리 자이언츠의 전 구단주 와타나베는 "요미우리 자이언츠 선수가 에이전트를 고용해 계약 교섭을 할 경우, 해당 선수의 연봉을 삭감시킬 것"이라고 엄포를 놓으며 에이전트 제도에 대한 강한 거부감을 드러냈다.[85] 에이전트 제도에 대해 표면적으로는 인정하지만 MLB처럼 선수의 연봉 인상으로 인해 구단이 경영 압박을 받고 선수 간의 연봉 격차가 심화될 것이라는 우려로 에이전트를 통한 계약 교섭을 반대한다고 해석할 수 있다.[86] NPB는 소위 '악덕 에이전트'가 교묘한 수법으로 선수에게 불리한 에이전트 계약을 체결하여 선수들이 폐해를 볼 수 있다고 지적한다.

일본의 에이전트 제도는 잘 시행되고 있는가?

일본야구규약 제94조를 보면 "선수는 연봉 계약의 조건에 대해 만족하지 않아 구단과의 합의에 이르지 못할 경우, 연봉 조정을 신청할 수 있다"고 규정해 연봉 조정 신청 제도의 기틀을 마련했다. MLB에서는 계약 기간 3년이 지난 선수에 대해서만 연봉 조정 신청을 할 수 있는 자격을 부여하는 반면, NPB는 해마다 선수들이 연봉 조정을 신청할 수 있다. 1973년에 연봉 조정 신청 제도를 규정한 이후 총 6명의 선수가 연봉 조정을 신청했는데 그중 구단이 주장한 금액보다 많이 받은 선수는 단 2명이었다. 표면적으로 보면 연봉 조정 신청 제도를 통해 선수의 권익을 보호하고 있는 것으로 보인다. 그러나 연봉 조정 제도가 도입된 지 약 40년 동안 6명의 선수만 이를 신청했다는 것은 해당 제도가 선수에게 불리하게 작용하고 있다고 해석할 수 있다.

일본 프로야구선수회는 선수들에게 불리하게 작용하는 연봉 조정 신청 프로세스를 보완하기 위해서라도 에이전트 제도가 활성화되어야 한다고 주장하면서 다음과 같은 불만을 제기했다. 규약상 선수와 구단의 조건 합의가 이루어지지 않으면 선수 측이 연봉 조정을 신청할 수 있지만 실제로 연봉조정위원회는 그 사안이 중대하거나 구단과 더 협상하기 어려운 상황을 제외하고는 선수에게 구단과 협상을 지속할 것을 권고하고 있어 연봉 조정 신청이 유명무실하다는 것이다. 이에 대한 좋은 예로, 2008년 일본 국가 대표 출신 G. G. 사토는 NPB 역사상 7번째로 연봉 조정을 신청했다. 그러나 당시 퍼시픽리그 회장인 타다오 코이케는 사토의 연봉 조정 신청을 보류하고 구단과 협상을 계속할 것을 지시했다.[87] 선수가 구단과의 이견을 좁히지 못하고 연봉 조정을 신청해도 리그 차원에서 중재에 소극적이고 구단의 입장을 대변하는 태도를 취하여 선수들은 다시 협상 테이블에 복귀할 수밖에 없었다. 이에 따라 다시 협상을 진행하더라도 결국 구단이 제시한 조건을 수용할 수밖에 없는 상황이었다. 협상 테이블에서 일부 스타 선수를 제외한 나머지 선수는 고용주인 구단과의 계약에서 분명 약자이며, 협상력이 부족할 수밖에 없다. 따라서 협상 테이블에서 선수를 대신해 대등한 계약 당사자로서 목소리를 높여 선수의 권익을 보호하고 합당한 대우를 받을 수 있도록 에이전트 제도를 전면 도입할 이유가 충분하다.

NPB에서 연봉 중재 조정을 진행할 경우, 250점 만점의 체크리스트를 통해 선수 개인의 성적, 팀플레이와 정신력 등 객관적인 면과 주관적인 면을 동시에 평가한다. 일부 야구 관계자는 이런 체크리스트 시스템은 선수의 가치를 객관적이고 다방면으로 평가할 수 있고, 이를 연봉 협상에 활용할 경우 연봉 조정 신청이나 에이전트의 도움이 필요하지 않다고 주장한다.[88] 하지만 만약 이런 체크리스트 시스템이 연봉 산정의 근거가 되면 에이전트가 없는 선수는 해당 기록에 대해 반박을 하고 싶어도 그에 대한 자료를 준비하는 것이 어려울 수밖에 없다. 특히, 정신력 같은 주관적인 요소를 평가받고 그것이 연봉 산정에 직접 반영되는 것은 선수 입장에서는 매우 억울할 수 있는 문제다. 이에 반해 에이전트를 보유한 선수라면 선수의 가치를 최대한 반영할 수 있는 기록과 지표를 협상에서 활용할 수 있고, 설령 체크리스트 시스템을 통해 구단이 선수를 평가하더라도 그에 대한 반박을 좀더 수월하게 할 수 있다.

그동안 축구 분야에서 에이전트 제도는 국제 경기 단체인 FIFA가 이 연맹에 가입하는 나라와 지역을 대상으로 FIFA 선수 대리인 규칙 Player's Agent Regulations을 만들어 시행해왔다. 그러나 2015년 3월을 끝으로 에이전트 제도를 폐지하고 새로운 대리인 제도인 'Regulations on Working with Intermediaries'를 규정했다. 새로운 제도를 통해 에이전트 자격 요건(결격 사유가 없는 경우 누구나 가능)을 완화했고, 에이전트가 취득할 수 있는 수수료를 인하했다(3퍼센트). 또한 각 국가의 축구협회에서 해당 국가의 국내법과 실정에 맞게 대리인 제도를 제정하고 운영하도록 권장하고 있다. 일본축구협회에서 시행 중인 새로운 대리인 제도는 국제축구연맹 FIFA의 대리인 제도의 전반적이고 핵심적인 사항을 규정해 시행하고 있다.

프로 야구, 프로 축구와는 달리 농구와 배구에서는 에이전트 제도의 사례를 찾아보기가 쉽지 않다. 프로 농구는, 국제농구연맹FIBA이 전 세계를 대상으로 각 가맹국의 대리인을 일원적으로 관할하고 있으며, FIBA 규칙에 근거해 일본인 2명이 공인 대리인으로 라이선스를 취득해 활동 중이다. 그러나 일본농구협회JBA는 프로 리그인 JBL을 포함해 자국 농구 리그에서 독자적인 대리인 제도를 시행하려는 의지는 보이지 않는다.[89] 프로 배구는 축구와 마찬가지로 FIVB에서 대리인 인증 제도를 시행하고 있다. 그러나 일본배구협회는 프로 리그인 V리그를 포함해서 대리인에 관한 규칙과 규정을 제정해 공표하지 않는 등 대리인 제도가 아직 정비되지 않고 있는 상황이다.[90]

미국의 에이전트 제도

미국 4대 리그는 관련 사무국이나 협회에서 정한 규정대로 에이전트 자격에 대한 필요조건을 부여한다. 우선, 모든 리그에서 에이전트 등록비를 지정하고 있고, 신뢰성을 확보하기 위해 신원 조회를 필수적으로 시행하고 있다. 뿐만 아니라 NFL, MLB, NBA는 각 협회에서 지정하는 시험을 통과해야 한다. 반면 리그별로 차이도 있다. MLB는 에이전트를 3가지로 분류해서 자격을 부여한다.[91] 선수 협상과 계약을 담당하는 MLBPA General Certified Agent, 이들을 보조하는 MLBPA Expert Agent Advisor, 선수 선발과 선수 건강 유지, 기타 서비스를 제공하는 MLBPA Limited Certified Agent가 있다. NHL

은 공개적으로 에이전트 선발 요건과 시험 과목, 날짜 등을 게재하지 않고 이력서를 통한 지원을 원칙으로 한다.[92] 다만 NHL에서 활동하는 에이전트를 모두 조회할 수 있게 해서 에이전트에 대한 신뢰도를 확보하고 있다.

미국 4대 리그의 에이전트 시험은 에이전트의 기본 소양을 묻는 내용을 위주로 연 1~2회에 걸쳐 진행된다. NFL은 단체교섭협약[CBA], 샐러리 캡과 선수의 이익에 관한 문제, NFL 선수협회 규정에 따른 계약 문제를 다루는 등 기본적인 에이전트의 소양을 묻는 시험을 진행한다.[93] MLB도 기본 규정과 메이저리그 규정, 에이전트 규정에 관한 시

• **미국 4대 리그 에이전트 필요조건**

리그	필요조건
NFL	-에이전트 등록비 : 2,500달러 -석사 혹은 로스쿨 출신자 -신원 조회 조사 통과 대상자 -2일간의 세미나 교육 이수자 -시험 통과자
MLB	-에이전트 등록비 : 2,000달러 -MLBPA 소속 에이전트 관련 규정에 대한 이해와 동의 -신원 조회 조사 통과 대상자 -시험 통과자
NBA	-에이전트 등록비 : 100달러 -에이전트 보증금(Refundable Agent Dues) : 2,500달러 -4년제 대학 학위 소유자(혹은, 이에 상응하는 교육 이수자) -신원 조회 조사 통과 대상자 -시험 통과자
NHL	-에이전트 자격 인증 프로그램(Agent Certification Program) 이수 -이력서(Application)를 통한 지원

험을 치르며 금지 약물에 관한 시험도 별도로 치르고 있다. NBA도 CBA 에이전트에 관한 규정, 선수를 대변하는 과정에서 생길 수 있는 문제를 다루는 등 기초적인 것을 시험 내용으로 정하고 있다.[94] NHL 은 앞서 언급한 바와 같이 특별한 시험을 정하지 않고 있다.

미국 4대 리그의 에이전트 유지 조건에는 크게 연회비 납부, 이력서 업데이트, 세미나 참석, 3년 내 실적 보유 등이 있다. NFL에서는 에이전트가 관리하는 선수를 10명 기준으로 연회비에 차등을 두고 있다. MLB에서는 3년 동안 선수 1명 이상과 계약을 해야 에이전트로서의 자격을 유지하게 하고 있다. NBA에서는 NFL과 마찬가지

• **미국 4대 리그 에이전트 시험 현황**

리그	시험	
	시험 개요	출제 내용
NFL	-연 1회 시행 -접수 일시 : 1월 5일~2월 5일	-CBA(Collective Bargaining Agreement) -팀 연봉 상한액(Salary Cap) -선수의 권익(Player Benefits) -NFLPA 규정 계약 관리(NFLPA Regulations Governing Contract Advisors)
MLB	-연 2회 시행 -접수 일시 : 8월 시험은 7월 1일까지, 1월 시험은 전년 12월 1일까지 -영어, 스페인어 형태 운영 -필기시험(Multiple Choice Questions, 오픈 노트)	- 기본 규정(Basic Agreement) - 메이저리그 규정(Major League Rules) - 금지 약물 규정(Joint Drug Agreement) - 에이전트 규정(The Agent Regulation)
NBA	-연 1회 시행 -접수 일시 : 4월 1일~6월 1일 -필기시험(Multiple Choice Question, 50 문제, 오픈 노트, 3시간)	-NBA Collective Bargaining Agreement -NBAPA Regulations Governing Player Agents & Other Issues Relevant To Player Representation
NHL	-관련 시험 없음	

• **미국 4대 리그 유지 조건과 연회비 현황**

리그	시험	
	유지 조건	연회비
NFL	−개인 보증 보험(Professional Liability Insurance) −매년 세 차례 열리는 NFLPA 세미나 중 1회 참석 −매년 기준 업데이트된 이력서(Application) 제출 −3년 동안 1명 이상의 선수와 협상과 계약	−관리 선수 규모 기준 −10인 미만 : 1,500달러 −10인 이상 : 2,000달러
MLB	−정규적으로 에이전트 등록자료 업데이트 −정규 회의 참석 − 기타 사무국에서 요구하는 자료 제출 −3년 동안 1명 이상의 선수와 협상과 계약	−연회비 : 1,500달러 −등록비 : 2,000달러
NBA	−NBPA 에이전트 세미나 참석 −계약, 협상 자료의 업데이트 −3년 동안 1명 이상의 선수와 협상과 계약	−관리 선수 규모 기준 −10인 미만 : 2,500달러 −10인 이상 20인 미만 : 5,000달러 −21인 이상 : 7,500달러
NHL	−관련 없음	

로 에이전트가 관리하는 선수가 1~10명, 11~20명, 20명 이상 등으로 나누어 연회비에 차등을 두고 있고, MLB와 마찬가지로 3년 동안 1명 이상의 선수와 협약을 해야 에이전트 자격을 유지할 수 있게 한다. 세미나는 특별한 제한 없이 캐주얼한 복장으로 진행되지만, NFL은 세미나에 오디오나 비디오 기계를 이용한 사진 촬영 혹은 녹음은 절대 하지 못하게 한다. 이 규정을 어길 경우, 세미나에 참석하지 못하는 등 내용의 보안에 힘쓰고 있다.[95]

chapter 4

스포츠 에이전트에 대한
오해와 진실

10

에이전트, 너무 믿지 마라 I

　　에이전트의 도움을 받아 선수가 성공한 사례는 쉽게 찾아볼 수 있다. 그러나 결코 쉽게 간과해서 안 될 부분이 있다. 그것은 에이전트가 재능 기부자나 자원봉사자가 아니라는 사실이다. 그들은 선수의 가치를 극대화시켜 자신의 이익을 실현하는 일종의 '상호 보완적 관계에 있는 비즈니스 파트너' 정도로 이해할 수 있다. 처음에는 서로에게 깊은 신뢰를 갖고 '선수 고객—에이전트' 관계를 형성했다가도 시간이 지나면서 서로에 대한 신뢰에 금이 가고 분쟁이 발생하는 일이 종종 있다. 이런 경우 선수든 에이전트든 피해 규모가 걷잡을 수 없이 커지면 법에 호소할 수밖에 없는 상황이 된다. 선수가 에이전트를, 에이전트가 선수를, 혹은 에이전트가 에이전트를 고소하는 등 에이전트 계약과 관련된 이해 관계자는 누구든 소송 대상이 될 수 있다.

에이전트 분쟁 : 국내 선수 관련 사례

• 이승우-S2매니지먼트 소송

에이전트 회사인 S2매니지먼트는 2012년 4월에 이승우 선수와 계약 기간 2년, 계약금 6,000만 원의 에이전트 계약을 체결했다. 계약서에는 아마추어 기간에 용품 후원사에서 받은 수익에 대해 에이전트에 수수료를 지급하지 않도록 되어 있었다. 그러나 S2매니지먼트는 이승우가 용품 후원사인 나이키에서 받은 수익에 대해 1,200만 원의 수수료를 챙겼고, 이승우 측은 적극적 기만 행위를 이유로 2013년 5월에 에이전시에 계약 해지를 통보했다. S2매니지먼트는 에이전트 계약을 일방적으로 해지했음을 주장하며 이승우에게 1억 5,000만 원을 배상하라고 소송을 제기했다. 재판부는 S2매니지먼트 대표가 스스로 작성한 계약 조건과 달리 수수료 지급의 예외가 되어야 할 나이키 후원 계약금에 대해 수수료를 받는 것은 계약 위반에 해당하며, 이에 대해 이승우가 한 계약 해지 통보는 정당하다고 밝혔다. 아울러 이승우가 처음부터 다른 에이전트와 계약할 마음으로 S2매니지먼트에 대해 계약 해지를 통보했다고 인정할 증거도 없다고 설명하면서 원고 패소 판결을 내렸다.[96]

• 박지성-FS코퍼레이션 소송

박지성은 2005년 1월부터 2006년 12월까지 FS코퍼레이션과 에이전트 계약을 체결했다. 그러나 박지성은 계약 기간이었던 2006년

7월 계약 해지를 통보했고, 에이전트 측은 일방적 계약 해지를 이유로 법원에 손해 배상 청구 소송을 제기했다. FS코퍼레이션은 계약 체결 대리권과 독점적 권한을 갖고 계약 기간 동안 박지성을 대신해 연봉 협상과 광고 출연 등의 업무를 수행했는데도 박지성 측이 일방적으로 계약 해지를 통보하고 타 에이전트와 연봉 재협상을 진행해 계약 의무를 불이행했다고 주장했다. 아울러 박지성이 소속팀에서 받은 연간 수입 중 세금을 뺀 금액의 10퍼센트에 해당하는 액수를 수수료로 지급하고, 소속팀인 맨체스터 유나이티드와의 계약 기간 4년 동안 받는 금액의 10퍼센트인 7억 1,000여 만 원과 광고 계약 관련 수수료 등 총 9억 930여 만 원을 지급할 것을 주장했다.[97] 양 측은 재판 도중 3억 9,000만 원을 배상하는 것으로 합의함으로써 송사를 종료했다.

• 김두현–메이브리즈 소송

축구 선수 김두현은 에이전시 회사인 메이브리즈와 2003년 8월 매니지먼트 계약과 2005년 5월부터 2007년 5월까지 계약 기간 2년에 해당하는 에이전트 계약을 각각 체결했다. 김두현은 에이전트 계약 체결 후 수원 삼성에서 성남 일화로 팀을 이적하면서 3년간 연봉 합계 27억 원의 계약을 체결했지만 이 과정에서 연봉 협상, 용품 후원과 광고 출연비 등에 대한 수수료를 지급하지 않았고, 메이브리즈는 이에 대한 소송을 제기했다.[98]

• IMG-IB스포츠 소송

　김연아는 미국계 에이전시인 IMG와 2006년 5월부터 2010년까지 에이전트 계약을 체결했다. IMG는 전속 계약을 체결해 김연아와 관련된 수익 사업을 개발하고 그 대가로 수익의 일정 부분을 지급받기로 했다. 이후 IB스포츠는 2007년 4월 IMG와 접촉해 밴쿠버 올림픽까지 소요되는 경비 중 5억 원을 부담하고, IMG코리아와 수익을 나누자고 제안했으나 협상이 결렬되었다. 협상이 결렬된 후 김연아는 IMG코리아와 계약을 해지하고 IB스포츠와 에이전트 계약을 체결했고, 이에 IMG 측은 IB스포츠를 상대로 20억 원의 손해 배상 소송을 청구했다. 재판부는 IB스포츠가 IMG와 김연아 사이에 계약을 체결된 사실을 알고 있었고, 김연아가 IMG에 계약 해지를 통보하고 며칠 후 새 계약을 체결한 사실을 인정하면서도 IB스포츠가 김연아와 적극 공모했다거나 김연아에게 기망 협박 등 사회 상규에 반하는 수단을 사용했다는 것을 인정하기 어렵다고 판결함으로써 원고인 IMG에 패소 판결을 내렸다.[99]

• 백성동-에이전트 소송

　축구 선수 백성동은 고교 1학년이었던 2008년 7월 당시 에이전트 송 모 씨와 프로 전향 이후 계약 기간 3년의 독점 매니지먼트 계약을 체결했다. 그러나 백성동이 계약 만료 전인 2011년 1월 다른 에이전트를 통해 일본 J리그 주빌로 이와타 구단에 입단하자 당시 에이전트인 송 씨는 법원에 계약 위반으로 손해 배상 청구 소송을 제기했다.

재판부는 백성동이 계약에서 정한 기간이 종료되지 않은 상태에서 독점적인 대리권을 갖는 전 에이전트 송 씨 모르게 다른 에이전트를 통해 입단 계약을 체결하는 등 전속 계약 위반으로 인한 손해를 배상할 책임이 있다며 전 에이전트에게 3,000만 원의 위약금을 배상하도록 판결했다.[100]

• 석현준 해외 이적 관련 이중 계약

축구 선수 석현준은 네덜란드, 독일, 벨기에 등 유럽 축구 리그의 이적 협상에 관한 독점적 권한을 갖기로 A와 에이전트 전속 계약을 체결했다. 그러나 이적 협상이 늦어지자 석현준 측은 에이전트 계약을 일방적으로 해지하고, 독일 축구 구단 전임 에이전트의 도움을 받아 입단 테스트를 거쳐 네덜란드 축구 구단에 입단했다. A는 석현준 측이 어떤 위임이나 통보도 없이 입단 계약을 체결해 에이전트 전속 계약을 위반했다고 주장했고 이에 대해 2억 원의 손해 배상 청구 소송을 제기했다. 재판부는 석현준의 이적 협상에 관한 독점적 권한을 보유하고 있는 원고 A를 배제한 채 제3자를 에이전트로 삼아 이적한 행위 등은 에이전트 전속 계약에 정한 의무를 위반한 것이고, 원고인 에이전트 A에게 1억 5,000만 원을 배상하라고 판결했다.[101]

• 해외 축구 입단 에이전트 사기

프로 축구 선수 에이전트인 B는 2008년 3월부터 2011년 1월까지 일본 J2리그 프로팀에 자녀를 입단시켜주겠다고 속여 학부모 10

여 명에게 알선료 명목으로 2억 7,000여 만 원을 수수했다. 재판부는 일본 프로팀 입단이나 유명 대학 입학 등을 명목으로 돈을 가로채고, 축구 선수로 성장하려는 어린 선수와 가족들의 궁박한 사정을 이용해 개인적인 이득을 취하는 것은 사기죄에 해당한다며 에이전트 B에게 징역 1년 6월에 집행유예 2년, 사회봉사 120시간을 선고했다.[102]

• 용병 선수 계약금과 연봉 계약 사기

축구 선수 에이전트 C는 국내 프로 축구단에 외국인 선수의 영입 계약을 중개하면서 외국인 선수가 원하는 계약금, 연봉 등을 부풀려 구단과 계약을 체결하게 한 후, 외국인 선수에게 해당 선수의 실제 계약금, 연봉을 제외한 나머지 금액을 돌려받는 방법으로 차액을 편취하기로 공모했다. 에이전트 C는 외국인 선수에게 대체 선수 계약이기 때문에 계약금 없이 매월 1만 달러의 급여를 받는다고 했고, 외국인 선수는 그 금액에 구단 선수로 활동하기로 동의했다. 외국인 선수가 원하는 급여는 월 1만 달러임에도 에이전트 C는 구단에 선수가 월 2만 달러를 원한다고 전달했고, 그 금액이 전액 선수에게 지급되는 것처럼 이야기해 구단을 기망했다. 이에 속은 구단은 해당 외국인 선수에게 월 2만 달러의 급여를 지급한다는 조건으로 영입 계약을 체결했다. 에이전트 C는 위 계약으로 구단이 외국인 선수 명의의 금융 계좌로 입금한 1만 9,340달러 중 해당 선수의 실제 월 급여인 1만 달러를 제외한 나머지 9,340달러를 선수에게 인출하도록 하고 해당 금액을 편취했다. 재판부는 계약금의 차액을 자신이 취득할 목적으로 선수에게 지급하기로 약정된 계약금을 구단에 알리지 않은 행위는 일반 상거래 관행과 신의칙에 비추어 허용될 수 있는 범위를 넘어선 것으로, 기망 행위에 해당한다고 판시해 사기죄 성립을 인정했다.[103]

• 데릭 아사모아−에이전트 이적료 반환 분쟁

프로 축구 구단 포항 스틸러스는 2010년 에이전트 D의 중개로 불가리아 리그에서 뛰고 있는 아사모아를 이적료 85만 달러에 영입하기로 하고, 당시 아사모아의 소속팀 로코모티브에 60만 달러를 선지급했다. 그러나 두 팀 간에 이적료 다툼이 생겼고, 이 다툼으로 아사모아는 원 소속팀 로코모티브에게 17만 달러를 받지 못했다. 에이전트 D는 로코모티브에게 받기로 한 중개료 15만 8,000달러 중 3만 달러만 받게 되었다. 에이전트 수수료를 지급받지 못한 D는 포항 스틸러스가 로코모티브에게 줘야 할 이적료 25만 달러에 대한 가압류를 신청했다. 2012년 아사모아와 포항은 사태 해결을 위해 에이전트 D의 가압류 취하를 전제로 한 합의서를 작성해, 그 사본을 이메일로 로코모티브와 에이전트 D에 발송했다. 로코모티브는 합의서에 동의해 서명을 했고, 마지막으로 세 명의 서명이 든 합의서 사본을 받은 에이전트 D는 서명을 한 뒤 사진을 찍어 합의서 사진 파일을 로코모티브와 아사모아에게 이메일로 전송했다. 그러나 에이전트 D는 이후 가압류를 취하하지 않고 압류 명령을 받아 1억 6,000여 만 원을 받았다. 아사모아는 에이전트 D와 포항구단을 상대로 소를 냈으나 1심은 "선수가 당사자 3명이 서명한 합의서 원본을 소지하고 있지 않고, 원본의 존재도 인정할 수 없으므로 합의가 성립되었다고 보기 어렵다"며 원고 패소 판결을 내렸다. 그러나 2심에서는 "에이전트 D가 이적료와 관련해 아사모아와 포항, 아사모아의 전 구단인 로코모티브의 서명이 들어간 합의서에 서명을 한 뒤 이를 촬영한 사진 파일을 최초 서명자인 선수와 포항 구단에 보낸 점 등을 볼 때 4명(아사모아, 포항 스틸러스, 로코모티브 구단, 에이전트 D) 사이의 합의가 성립했다고 봐야 하고, 선수가 4자 합의서 원본을 갖고 있지 않았다는 사정만으로는 합의가 없었다고 보기 어렵다"고 판결했다. 이어 "에이전트 D가 포항 스틸러스가 로코모티브에게 줘야 할 25만 달러에 대한 가압류를 취하해야 하는데도, 합의를 무시한 채 압류와 추심 명령을 받아 25만 달러 중 약 15만 달러를 챙겨 아사모아가 이적료 17만 달러를 받지 못했으므로 에이전트 D는 아사모아에게 17만 달러를 지급하라"며 원고 일부 승소 판결을 했다.[104]

• 대학 축구부 진학 명목으로 금품 수수

전 지방 대학 축구 선수이며 에이전트로 활동한 F는 자신의 대학 축구계 인맥과 구단 관계자들과의 인맥을 과시하며 대학 진학을 앞둔 고등학교 축구 선수의 학부모에게 접근했다. 에이전트 F는 평소 친분이 있는 고등학교 축구부 감독의 소개로 만난 학부모에게 OO대학교 총장과 친분이 있다며 축구 특기생으로 수시 입학시켜주겠다고 로비 자금 명목으로 5,000여 만 원을 요구했다. 같은 학교 축구부의 또 다른 학부모에게도 OO대학교 축구부장 교수와 친분이 있다며 해당 대학 축구부에 수시 입학을 위해 교수에게 줄 로비 자금 3,000여만 원을 요구함으로써 도합 8,000여 만 원을 편취한 혐의로 구속 기소되었다.[105]

• 이천수 – 에이전트 계약서 분쟁

전남 드래곤즈는 2009년 2월 수원 삼성에서 방출되어 임의 탈퇴 신분이던 이천수를 영입하며 이천수의 이적권을 갖고 있던 네덜란드 페예노르트에 우리 돈 약 7,500만 원, 수원에 이천수에 임의 탈퇴 해지 보상금으로 3억 800만 원 등 약 3억 8,300만 원의 거액을 투자해 영입했다. 이에 전남 드래곤즈는 이천수와의 계약을 진행하며, 연봉에 대한 백지 위임과 계약 기간 중 팀을 떠날 경우 위약금으로 구단에 3억 7,500만 원을 지급한다는 내용에 합의할 것을 요구했다. 이천수 측은 위약금과 관련한 부분을 받아들일 수 없다고 했지만, 계약 체결을 대리 진행한 에이전트 김 모 씨는 본인 명의로 위약금 부분이 명시된 계약서에 사인했다. 그런데 원 소속 구단인 페예노르트가 이천수에 대한 사우디아라비아 알 나스르 완전 이적을 추진하고, 이를 받아들인 이천수가 이적을 결심하고 전남 드래곤즈를 무단으로 이탈하게 되었다. 이에 전남 드래곤즈는 에이전트 김 모 씨와 체결한 계약을 근거로, 이천수와 해당 에이전트를 상대로 위약금 소송을 진행했다. 광주고등법원 제1민사부(부장판사 방극성)는 전남 드래곤즈가 에이전트 김 모 씨와 이천수를 상대로 제기한 손해 배상 청구 소송 항소심에서 김 모 씨와 이천수는 각각 2억 4,000만 원과 2,000만 원을 배상하라고 판시했다.[106] 이는 위약금 반환과 관련해 에이전트 김 모 씨가 선수 측의 동의를 확인하고 진행했는지 여부가 쟁점이 된 사례다.

• 첼시 리 & 에이전트 신분 위조 논란

국내 여자 프로 농구WKBL KEB하나은행 소속으로 활약한 첼시 리는 조모가 한국인이라고 주장하며 입단할 당시 구단 측에 본인과 부친의 출생증명서를 제출했다. WKBL 규정인 '부모 또는 조부모가 한국 사람이면 해외 동포 선수로 토종 선수와 같은 자격을 부여한다'는 조항에 따라 첼시 리는 국내 선수 자격으로 활동했다. 첼시 리가 KEB하나은행에 입단하는 과정에서 혈통을 의심하는 다른 구단과 언론에서 많은 말이 나왔지만 KEB하나은행은 첼시 리가 제출한 플로리다주 명의의 본인 출생증명서, 미국 국무부 명의의 부친 L씨 출생증명서, 친할머니라고 주장한 한국인 이 모 씨의 사망증명서를 근거로 적극 소명 작업에 나섰고, WKBL 측이 이를 받아들이면서 첼시 리 문제는 한동안 수면 밑으로 가라앉아 있었다. 하지만 첼시 리가 대한농구협회와 대한체육회의 추천을 거쳐 특별귀화 추천 대상자로 선정된 이후 법무부 국적심의위원회의 검토 과정에서 서류 위조가 의심되는 정황이 드러났다. 그러자 첼시 리의 혈통 문제가 다시 불거졌고 검찰이 수사에 나섰다. 검찰의 수사 결과 첼시 리의 신분과 관련된 서류가 조작되었음이 판명되었고, KEB하나은행 구단은 서류 위조 혐의를 주도한 첼시 리와 그의 에이전트에 대해 강력한 법적 조치를 취할 뜻을 밝혔다.[107]

• 무자격 동남아 축구 에이전트

동남아 축구 리그에 대한 팬들의 관심이 높아지고, 해마다 규모가 커지면서 한국 선수의 진출이 활발해지고 있다. 과거 국가 대표 경력이 있는 선수뿐만 아니라 K리그와 실업 축구 내셔널리그에서 뛰던 선수 중 여러 명이 태국, 베트남 등 동남아 지역의 다양한 축구 리그에서 선수로 활동하고 있다. 그러나 선수들의 절박함을 악용하는 에이전트에 의한 피해가 종종 발생하고 있다. 현지에서 중개인으로 활동하는 에이전트의 상당수가 FIFA나 대한축구협회의 공식 인가를 받지 못한 무자격 에이전트다. 그중에는 아마추어 축구계에서 물의를 일으킨 채 한국을 떠난 뒤 태국 등 동남아시아에 안착한 전직 축구 학원 감독 출신이 있다. 이들은 축구 구단 입단 테스트를 빌미로 항공료와 체류비 명목으로 약 300여 만 원을 요구하고, 나중에 입단에 성공하면 앞서 받은 300만 원을 선수 측에 돌려주되 구단—선수 간 계약금 일부를 챙기고 있다. 물론 입단에 실패하면 선수는 선불로 지급한 300만 원을 고스란히 날릴 수밖에 없는 구조를 갖고 있다. 이런 현실을 잘 아는 유력 에이전트는 "만약 입단 테스트를 허용한 해당 구단과 이들 무자격 중개인이 서로 짜고 이런 일을 벌인다면 선수는 미래를 보장받지 못할뿐더러 손해만 입는다. 선수들도 향후 철저히 중개인의 정체를 확인해봐야 한다"는 견해를 전했다.[108]

동남아 시장은 국내 대형 에이전트의 주요 활동 무대가 아니다. 정보와 전문성이 부족하고 스타급 선수가 아닌 이상 유럽, 일본 시장에 비해 금액상 큰 매력이 없기 때문이다. 그렇기 때문에 검증되지 않은 에이전트 또는 에이전트를 사칭하는 사람이 다수 활동한다. 태국 리그를 전문으로 활동하는 정현민은 "프로나 내셔널리그에서 짧게 활동하고 방출된 선수, 대학 졸업 후 입단에 실패한 선수에게 태국 리그 테스트를 제의하는 방법으로 1인당 350~400만 원의 테스트 비용을 받는다. 무엇보다 핵심은 현지 구단과 테스트에 대해 논의된 것이 없는 상황에서 우선 선수만 현지로 데려와서 미리 해놓은 작업을 통해 팀 연습 경기에 잠깐 출전하게 한다. 해당 클럽은 선수에 대한 정보도 없고 심지어 외국인 선수 영입 계획이 없는 경우도 있을 뿐만 아니라, 선수들은 정상 컨디션이 아니기 때문에 좋은 평가를 받기 어려우니 결과는 뻔하다. 이런 선수들을 분기마다 10명, 20명씩 데리고 간다고 생각해보라"며 시장의 열악한 상황을 전했다.[109]

• 자격 정지 에이전트의 활동

에이전트 G는 2009 KBL 외국 선수 드래프트에서 삼성이 2라운드 10순위로 지명한 브라이언 매튜스 선수의 에이전트를 맡았다. 그러나 매튜스는 2006년 호주 리그 시드니 킹스에서 성폭행 범죄를 저지른 사실이 발각되어 소속 팀에서 방출됨과 동시에 성폭행 혐의로 기소되었고, 결국 2007년 8월 징역 9개월을 선고받고 강제 추방되었다. 국내에서도 이런 사실이 드래프트가 끝난 후에 뒤늦게 발각되어 매튜스는 2009년 10월에 제명되었고, 그를 소개해준 에이전트 G는 2012년까지 3년 동안 국내 활동 정지라는 징계를 받았다. 당시 KBL은 에이전트를 규제할 만한 마땅한 규정이 없어 KBL 상벌 규정인 선수의 계약 위반 또는 계약 파기 규정에 의거해 에이전트에 해당 징계를 내린 것이다. 그러나 에이전트 G는 징계 기간인 2011년에 비스스포츠를 대리인으로 세워 고양 오리온스에서 뛴 크리스 윌리엄스의 계약 체결을 진행했다. 비스스포츠는 단지 계약의 주체일 뿐 실질적인 모든 업무는 에이전트 G가 진행했다. 이후 KBL은 에이전트 제도로 발생한 폐단을 해결하기 위해 에이전트 등록제를 시행해 사전에 KBL에 등록된 자에 한해 에이전트 자격을 부여하도록 규정을 개정했다.[110]

• 프로 축구 광주 FC 무자격 에이전트 논란

2013년 K리그 소속 광주 FC는 2부 리그로 강등된 이후 선수 이적을 위해 5명의 에이전트를 선정했으나 이 중 2명이 '일시 자격 정지' 상태인 무자격 에이전트인 것으로 드러났다. 이에 광주 FC는 대한축구협회에 등록된 에이전트를 선정했지만 관련 자료가 업데이트되지 않아 이런 일이 벌어졌다고 항변하며 무자격 에이전트가 선수 이적 계약을 체결하지는 않았고 다른 3명의 유자격 에이전트들이 성사시켰다고 주장했다.[111] 자격이 정지된 에이전트가 선수 이적을 성사시킬 경우 선수와 구단 간에 문제가 생기면 선수가 보호받지 못한다. 만약 선수 이적을 위해 구단이 무자격 에이전트를 선임했다는 것이 사실로 드러난다면, 구단이 선수의 권익 보호에 얼마나 무책임하고 안일한 태도로 일관했는지 보여주는 결정적 증거가 될 것이다.

• 해외 구단 입단 사기

대학 축구 선수였던 강 모 씨 형제는 2009년 12월 축구 에이전트 H에게 "일본 J2리그 프로팀에 입단시켜주겠다"는 제안을 받았다. 강 씨 형제는 알선 대금으로 4,500만 원을 에이전트 H에게 건네고 휴학까지 했다. 그러나 돈을 받은 에이전트는 그대로 잠적해버렸다. 강 씨 형제는 결국 축구 선수생활을 접은 뒤 군에 입대했고, 현재는 정신적 충격으로 은둔 생활을 하고 있다.

이 외에도 에이전트 대표로 활동하고 있는 정 모 씨는 2008년 3월부터 2011년 1월까지 FIFA가 인정한 에이전트 자격이 없음에도 벨기에 등 해외 프로팀이나 K리그 팀에 입단시켜주겠다고 속여 피해자 16명에게 알선료 명목으로 4억 5,000만 원을 챙긴 혐의를 받고 있다.[112]

11

**에이전트,
너무 믿지 마라 II**

　　해외 스포츠 에이전트 시장은 이미 안정기를 지나 포
화 시장으로 가는 길목에 있다. 또한 정상급 선수를 향한 에이전트
간의 물밑 다툼은 점점 치열해지면서 법정에서 시시비비를 다투는
에이전트 관련 분쟁이 늘고 있다.

에이전트 분쟁 : 해외 선수 관련 사례

• 재무 전문 에이전트의 사기 행각

　　2015년 샌안토니오 스퍼스의 슈퍼스타 팀 던컨은 오랫동안 그의
재산을 관리해온 재무설계사인 찰스 뱅크스에게 100만 달러의 손해
배상 소송을 제기했다.[113] 던컨은 뱅크스가 그동안 자신의 재산을 담
당해오면서 자신의 서명을 도용했을 뿐만 아니라 자신에게 돌아올

자금 일부를 은닉하는 등 재정적으로 손해를 입힌 혐의로 소송을 제기한 것이다. 2013년에는 우리에게 잘 알려진 전설의 복싱 선수 마이크 타이슨이 던컨과 유사한 사건으로 그의 재무설계사였던 브라이언 아우랜드와 그의 회사인 SFX 재무 자문 경영 기업에 손해 배상 소송을 제기했다. 마이크 타이슨의 변호인은 아우랜드와 SFX가 타이슨의 은행 계좌에서 자금을 빼돌렸고 결국 총 500만 달러가 넘는 금전 손해를 입혔다고 주장했다. 같은 해 MLB에서 활약했던 마이크 스웨니가 그의 전 재무 브로커 랄프 잭슨 3세와 USB 재무 서비스 회사를 상대로 소송을 제기했는데, 이 회사의 잘못된 투자로 총 760만 달러가 넘는 손해를 입었다고 했다.

• 고객을 이용한 스포츠 에이전시 대표의 도박

에이전트 관련 법의 허술한 규정을 악용해 수익을 올리는 사람들이 점점 늘어나고 있다. 특히 스포츠 에이전시에 소속된 일부 악덕 직원이 그들이 관리하는 선수에 관한 내부 정보를 이용해 불법 스포츠 도박에 고액을 베팅해 부당한 수익을 올리는 정황이 속속 발각되고 있다. 스포츠 에이전시 산업을 이끌고 있는 글로벌 에이전시 중 하나인 WME-IMG(전 IMG 월드와이드)의 대표였던 테드 포스트만은 2010년 회사가 매지니먼트를 대리하는 선수 중 한 명인 로저 페더러가 참가하는 테니스 대회인 프랑스 오픈 결승 대회에 고액을 베팅해 엄청난 수익을 올렸다. 이러한 사실을 전해 들은 포스트만의 오랜 친구이자 사업 동반자인 제임스 아게이트는 포스트만이 "선수에 관한 내부 정보를 이용해 불법으로 고객의 수익을 올렸다며"며 소송을 제기했다.[114] 이에 대해 당시 IMG 월드와이드는 포스트만이 페더러가 경기에서 이긴다고 베팅해 4만 달러가 넘는 손실을 입었다고 반박한 바 있다.

• 악덕 재무 설계자 소개

과거 NFL 와이드 리시버로 활약한 테렐 오웬스는 그의 에이전트였던 드류 로젠하우스와 제이슨 로젠하우스 형제를 고객 충실 의무 fiduciary duty 불이행, 사기, 그리고 직무 유기로 650만 달러의 손해 배상 소송을 제기했다. 특히 로젠하우스 형제가 소개한 재무설계사인 제프 루빈이 자신의 자산을 유용했을 뿐만 아니라 사업성이 저조한 앨라배마의 카지노 사업에 잘못 투자해 500만 달러의 손해를 보았다고 주장했다. 또한 이 금액을 부동산 사업에 투자했을 경우 150만 달러의 수입을 올릴 수 있었다는 사실을 소송에 포함시켰다. 앨라배마 카지노 사업에 투자한 NFL 선수는 32명에 이르는데, 총 4,000만 달러의 손실을 입은 것으로 알려졌다.[115] 문제는 선수들을 보호해야 할 에이전트가 오히려 무분별한 사업을 계획하는 악덕 혹은 무자격 투자 전문가를 소개해 피해를 입는 사례가 점점 더 증가하고 있다는 것이다.

• 깊어지는 에이전트 간의 반목과 소송

최근에 경쟁이 치열해지면서 에이전트들은 정상급 선수를 고객으로 만들기 위해 온갖 수단을 동원하고 있다. 예를 들면 풋볼이나 농구 유망주로 각종 언론에 오르내리는 아마추어 선수에게 접근해 용돈을 주거나 고가의 자동차까지 제공하면서 그들을 고객으로 유치하려 한다. 하지만 아마추어 선수는 학교의 허가 없이 에이전트와 접촉하는 것 자체가 규정에 어긋난다. 이런 사실을 잘 알고 있는 에이전트들은 선수의 가족이나 친지에게 접근해 특정 선수를 고객으로 유치하려 하는데 이 역시 규정에 어긋나기는 마찬가지다.

경쟁이 심해지면서 다른 에이전트와 이미 계약한 선수를 빼오기 위한 물밑 작전도 벌어지곤 한다. 이 과정에서 선수와 동시에 에이전트도 스카우트하는 경우가 많다. 선수와 에이전트를 모두 빼앗긴 기존의 에이전시는 새로운 에이전시와 에이전트를 상대로 소송을 제기하곤 한다. 미국의 수영 스타인 마이클 펠프스를 포함, 유수의 선수를 관리하는 옥타곤이 이러한 소송의 중심에 서 있다. 더그 헨드릭슨은 과거 '옥타곤 풋볼 담당 에이전트'로 경력을 쌓으면서 급격히 성장했다. 핸드릭슨이 업계에서 명성이 자자해지자 2012년 '렐러티버티 스포츠'에서 그를 스카우트하게 되는데, 이 과정에서 문제가 생겼다. 그가 옥타곤에서 근무했을 때 서명한 계약서에 있는 '업무 제한restrictive covenant' 조항 때문이었는데, 이에 따라 1년 안에 다른 에이전시로 이직할 수 없었다. 업무 제한 조항은 대부분의 에이전시 고용 계약서에 포함되는 내용이었는데, 이 조항이 '캘리포니아 비즈니스와 직업 코드California Business and Professions Code' 규정에 어긋난다는 취지의 소송이었다.[116] 특히 헨드릭슨은 옥타곤을 떠날 때 함께 근무했던 또 다른 유능한 에이전트를 데려갔다. 그 후 또 한 명의 옥타곤 풋볼 에이전트인

앤디 로스가 회사를 떠나면서 옥타곤은 큰 위기를 맞게 되었는데 이러한 업계 분위기는 점점 더 공식화되어가고 있다.

NBA에서도 이와 비슷한 사건이 있었다. 미국에서 유명한 에이전시인 와서먼Wasserman 그룹은 유망 NBA 선수 2명과 계약을 했다. 한 명은 브루노 카보클로Bruno Caboclo로, 2014년 전체 20번째로 드래프트되어 토론토 랩터스에서 활약했고 2017년 여름이면 다른 구단으로 이적이 가능한 상황이다. 다른 한 명은 엠마누엘 무디아이Emmanuel Mudiay로, 작년 NBA 드래프트에서 전체 7번째로 덴버 너게츠에 지명되었으며, 2018년 여름에 다른 구단으로 이적할 수 있다. 이들은 와서먼 그룹과 에이전시 계약을 하기 전에 각각 인디펜던트 스포츠 그룹Independent Sports Group과 라이벌 스포츠 그룹Rival Sports Group이라는 에이전시와 계약을 맺었지만, 두 선수 모두 언더아머를 제외하고는 어떠한 광고 계약도 맺지 못한 것에 불만을 갖고 와서먼 그룹과 새로 에이전시 계약을 한 것이다.[117] 선수의 가치가 올라가고 동시에 에이전시도 많아지면서 서로 우수한 선수와 계약을 하기 위해 치열한 물밑 전쟁이 한창이다.

• 성공한 선수의 숙주로 전락한 일부 악덕 에이전트

2012년 다소 이색적인 소송이 발생했다. 칼 캐리라는 스포츠 에이전트가 한때 그의 고객이 될 뻔했던 노스캐롤라이나 대학교 풋볼 팀 출신의 수비 선수로 제1라운드에서 세인트루이스 램스(현재 LA로 구단의 연고지를 이전함)에 드래프트된 로버트 퀸 선수를 고소한 것이다.[118]

로버트 퀸은 NFL에 드래프트되기까지 칼 캐리와 에이전트 계약을 했지만, 그가 NFL에 드래프트된 후 바로 '임팩트 스포츠 풋볼'로 소속사를 옮긴 것이다. 소송을 제기한 칼 캐리는, 퀸이 드래프트되기까지 들인 노력과 지원의 대가로 퀸이 받게 될 연봉 940만 달러와 보너스 530만 달러의 약 3퍼센트(NFL 선수협 규정)를 에이전트 수수료로 받을 자격이 있다고 주장했다. 하지만 2015년 7월 윌리엄스 오스틴 주니어 판사는 근거가 부족하다는 이유로 소송을 기각했다.

유럽의 축구 산업 역시 미국과 별반 다르지 않다. 스포츠 에이전트가 우후죽순으로 늘어나기 시작한 1990년대 초부터 일명 '아주 형편없는 에이전트dodgy agents'라고 불리는 무자격 에이전트가 장래가 촉망되는 아프리카의 어린 축구 선수들을 유럽으로 데려왔다. 그러나 에이전트는 어린 선수들을 체계적으로 관리하고 보살피는 대신 주머니를 채우는 데만 급급했다. 결국 어린 선수들은 이렇다 할 기회조차 얻지 못하고 사라지곤 했다. 이런 일이 계속 발생하자 FIFA와 유럽축구연합은 누가 먼저라고 할 것 없이 축구 유망주를 보호하기 위해 무자격 에이전트의 활동을 통제하기 시작했고, 그 이후 이런 피해 건수는 전보다 많이 줄어들었다. 하지만 안타깝게도 에이전트 간의 경쟁이 치열해지면서 정식 자격을 가진 에이전트의 위법 행위가 늘어나고 있다. 그들을 통제하는 것은 무자격 에이전트에 비해 상당히 어려운 면이 있어 유럽축구협회가 골치를 썩고 있다.

12

에이전트 제도에 관한
6가지 궁금증

새로운 제도를 도입한다는 것은 매우 조심스럽고 어려운 일이다. 사람들은 변화를 두려워하고 부담스러워한다. 조직도 마찬가지다. 겉으로 볼 때 별 문제가 없어 보이는 시스템에 손을 댈 이유가 없다. 그래서 새로운 제도를 도입하기 위해서는 이 제도의 가치와 유용성에 대해 다양한 관계자를 설득하는 과정이 필요하다. 명확한 근거와 명분이 없으면 일을 추진할 수 없기 때문이다. 사전에 다양하고 심도 있는 연구와 조사를 통해 새로 도입하려는 제도가 조직의 발전뿐만 아니라 관계자의 업무 효율을 높일 수 있다는 확신이 들어야 움직이기 시작한다. 철저한 준비를 했어도 막상 뚜껑을 열어 보면 예상치 못한 문제에 직면하는 경우가 다반사다. 이러한 맥락에서 에이전트 제도에 대해 관계자의 의견을 다양하게 듣고 반영할 필요가 있다. 에이전트의 대상이 되는 모든 운동선수, 선수와 직접 연봉 계약을 해야 하는 구단 관계자, 협회 직원, 아마추어 선수의 학부모들 의견을 수렴해 반영하면 더할 나위 없겠지만 안타깝게도 에이전트 제도와 관련된 모든 이해 관계자의 의견을 듣고 반영하는 것은 불가능하다. 그 이유는 첫째, 에이전트 제도와 관련한 인터뷰 자체를 거부하거나 부담을 느끼는 구단 관계자가 예상보다 많기 때문이다. 일부 구단 관계자는 매우 조심스러운 반응을 보였으며 심지어 구단의 공식 의견이 아닌 사견임을 전제로 인터뷰에 응한 경우도 적지 않았다. 프로 스포츠 선수는 대부분 소속 구단과 이름이 노출되는 것을 염려하는 등 인터뷰에 매우 예민한 반응을 보였다. 또한 위에서 언급한 범위가 너무 넓어 비교적 짧은 기간에 원하는 선수와 구단, 협회 관계자를 한자리에 모을 수 있는 기회가 적었다. 실제로 프로 야구 구단 관계자와 선수 인터뷰는 시즌이 한창 열리는 기간이라 경기 전후를 이용해 이루어졌다. 그날 경기 결과에 따라 선수들의 분위기가 달라지곤 해 매우 조심스럽게 접근해야 하는 어려움이 있었다. 프로 농구는 해외 전지훈련 기간과 겹쳐 인터뷰 대상 구단 선정에 한계가 있었고, 일부 구단은 인터뷰 자체에 부담을 갖고 응하지 않았다. 프로 축구는 시즌 준비가 한창이라 선수들이 머무는 숙소나 호텔에 가서 짧은 휴식 시간을 이용해 인터뷰를 실시했다. 프로 배구도 시즌 준비에 한창인 선수들과 구단 관계자들을 만나기 위해 원거리를 이동해야 하는 어려움이 있었다.

따라서 다음 표에서 볼 수 있듯이 에이전트 제도 도입의 당사자인 프로 선수 154명(7개 프로구단 소속 선수와 4개 대학 소속 운동선수), 구단과 관계자 10명, 현 에이전트 2명이 본 조사에 참여했다. 설문조사 내용을 보완하기 위해 구단의 협조를 받아 40여 명의 선수(4대 프로리그 현역 선수, 대학 선수, 리우 올림픽 메달리스트 2명 포함)들과 구단 관계자(총 12명)를 대상으로 포커스 그룹 인터뷰와 전화 인터뷰를 실시했

• 인터뷰 참가 구단과 관계자

종목	분류	기관과 대회명	설문조사 · 인터뷰 대상
야구	프로	A 구단	구단 관계자와 2군 선수
야구	프로	B 구단	구단 관계자와 선수
야구	프로	C 구단	선수
야구	프로	D 구단	구단 관계자
야구	프로	E 구단	선수
야구	아마추어	F 구단	대학 감독과 소속 선수
야구	아마추어	대통령배 야구대회	고등학교 야구 선수의 학부모
야구	아마추어	봉황대기 야구대회	고등학교 야구 선수의 학부모
축구	프로	G 구단	구단 관계자와 선수
축구	아마추어	H 구단	대학 감독과 소속 선수(여자)
배구	프로	I 구단	구단 관계자와 선수
배구	아마추어	J 구단	대학 감독과 소속 선수
농구	프로	K 구단	구단 관계자와 선수
농구	아마추어	L 구단	대학 감독과 소속 선수
태권도	아마추어	A 선수	(리우 올림픽 출전 선수)
펜싱	아마추어	B 선수	(리우 올림픽 출전 선수)
야구	에이전트	MLB 소속 선수들	현 에이전트
야구	에이전트	MLB와 KBO 선수들	현 에이전트
야구	야구	프로야구선수협의회	관계자

다. 선수협의회 관계자와 별도 인터뷰를 함과 동시에 현재 야구 분야에서 활동하는 에이전트들을 개별적으로 만나 심도 있는 인터뷰를 진행했다.

인터뷰에 앞서 연구의 취지를 설명하고, 개인 정보와 같이 민감한 사항에 대한 관리와 처리(종목, 구단 이름, 선수 이름 등의 익명 처리) 등에 대한 고지와 사전 합의 후 본격적인 포커스 그룹 인터뷰를 진행하고 다음과 같이 총 6개의 질문을 던졌다. 첫째, 에이전트 제도를 통해 기대하는 것은 무엇인가? 둘째, 에이전트 제도의 도입에 대해 우려하는 점은 무엇인가? 셋째, 에이전트 제도는 시기상조인가? 넷째, 현행 에이전트 제도의 형평성에 대한 불만은 없는가? 다섯째, 스포츠 에이전트 제도에서 고려할 점은 무엇인가? 여섯째, 에이전트에게 기대하는 역량은 무엇인가?

에이전트 제도를 통해 기대하는 것은 무엇인가?

단연 연봉 협상력이 상승할 것이라는 기대가 가장 높았다. 대부분의 선수는 에이전트가 연봉 협상 과정에서 적잖은 도움을 줄 수 있다고 생각했다. D구단에서 선수단 운영을 담당하는 관계자는 "에이전트를 통해 얻게 되는 선수에 관한 객관적 자료와 함께 합리적인 척도로 선수와 연봉 협상을 할 수 있다는 순기능이 있다. 에이전트 제도가 활성화된다면 일자리 창출에 도움이 될 것이고 이로 인한 파급 효과로 이익을 창출하는 파트가 나타날 것"이라며 스포츠 에이전트 제도의 도입에 긍정적인 입장을 보였다.

선수들도 마찬가지로 긍정적인 반응을 보였다. B선수는 "현재 FA 선수 등 소수 고연봉자를 양산해내는 풍토에서 벗어나 보다 합리적인 연봉 산정이 가능할 것"이라는 기대감을 보였다. 또 다른 선수는 "선수들이 운동에 더욱 집중하도록 동기를 부여할 수 있다"는 의견을 피력했다. 그리고 에이전트가 불러올 '합리적인 연봉 산정'의 움직임이 리그의 전반적인 수준을 높이는 기폭제 역할을 할 것이라는 기대감도 엿볼 수 있었다.

프로 선수 출신으로 현재 대학 농구팀을 지휘하는 C감독은 "선수들은 연봉 협상이라든가 각종 법률문제 등 전문적인 지식이 많이 부족하다. 그렇기 때문에 에이전트를 통해 이런 측면을 보완해 선수의 권리를 신장시켜줄 수 있다. 특히 구단과 연봉 협상을 할 때 얼굴을 붉히는 경우가 있는데 이에 대해 에이전트가 선수의 입장을 대변할 수 있다"고 제도 도입의 긍정적인 점을 설명했다.

에이전트 제도가 필요하다고 생각한다. 담당자로서 힘들어지는 것은 나중 문제다. 선수협회에서 어느 정도 도와주는 것으로 알고 있지만 연봉 협상과 관련해 객관적인 자료를 잘 준비해오는 선수는 흔치 않다. 그런 순기능을 구단에서는 반긴다. 에이전트의 도움을 받아 합리적인 척도를 가져온다면 우리도 적극적으로 고려할 생각이다.

(프로 야구 A구단 관계자)

선수들이 에이전트의 관리를 받게 되면 지금보다 합리적인 연봉 인상이 가능하다는 기대감에 운동에 집중할 수 있다. 선수 간의 경쟁심도 재고될 것 같다. 이로 인해 선수들의 전반적인 실력이 향상될 것이다.

(프로 야구 B구단 선수)

연봉 협상, 법률문제 등 전문적인 지식 면에서 선수들이 많이 취약하기 때문에 에이전트가 이런 면을 보완해주어 선수의 권리를 신장할 수 있다. 특히 구단과 연봉 협상 시 얼굴을 붉힐 때가 있는데 이런 경우 에이전트가 선수의 입장을 대변할 수 있다.

(C대학교 농구부 감독)

스포츠 에이전트 제도를 통해 선수들의 '광고와 후원 계약' 등이 지금보다 활발하게 이루어질 수 있다는 부분도 긍정적인 측면으로 언급되었다. 프로 축구 G구단의 한 베테랑 선수는 과거에 활약한 구단의 모기업 중 한 곳과 광고 계약을 체결하는 데 에이전트의 역할이 컸다는 자신의 일화를 소개하기도 했다. 대학 여자 축구에서 활약하는 선수는 광고와 후원 계약과 관련해 에이전트 제도 도입을 긍정적으로 바라보았다. 작은 규모의 프로 시장과 프로구단 진출의 기회가 매우 적은 여자 프로 축구의 특성 때문에 구단과의 연봉 협상 외에도 해외 진출 관련 계약(지소연 선수의 해외 진출 등), 은퇴 후 광고 계약 등에 관심을 보이며 에이전트를 통해 꾸준한 수입을 올릴 수 있기를 간절히 바라고 있었다. 또한 아마추어 선수나 저연봉 선수들은 현재 축구화, 정강이 보호대 등 용품을 자비로 구입해 훈련을 받는 열악한 상황이라 용품 후원이 절실한데 에이전트가 생긴다면 이런 면에서 도움을 받을 수 있을 것이라고 기대하고 있었다.

프로야구선수협회의 한 관계자는 "은퇴 후 커리어를 고민하는 선수에게 스포츠 에이전트 제도가 도움을 줄 수 있을 것"이라고 긍정적인 반응을 보였다. 그는 더불어 "평생 운동을 업으로 하는 프로 선수들은 해당 스포츠에 매우 많은 노하우를 지니고 있기 때문에 은퇴 후 유망 선수를 선별하는 능력을 통해 장차 에이전트로 직업을 전환할수 있을 것이다"고 덧붙였다. 또한 "선수 고유의 스타성과 미디어 대응 능력을 통해 해설위원이나 연예계 진출 등을 도울 수 있을 것"이라고 기대했다.

에이전트를 고용하면 광고에 유리한 것은 사실이다. 과거 타 구단에 있을 때, 당시 에이전트가 소속 구단과 관련된 업체의 광고를 주선해

주어 도움을 받은 적이 있다. 용품 지원에도 유리한 부분이 많다.

(프로 축구 G구단 선수)

에이전트를 통해 스폰서십도 체결하고 싶고, 은퇴 이후에도 에이전트를 통해 감독, 코치, 광고 등의 계약 체결에도 도움을 받고 싶다.

(D대학교 여자 축구부 선수)

선수생활이 끝나면 사실상 실업자가 되는 은퇴 선수들이 자신의 전문 분야에서 일하도록 일자리를 창출해주기 때문에 긍정적으로 생각한다. 또한 은퇴 선수들이 에이전시와 선수의 관계에 접근성을 높여주고 선수의 장래성 판단 등에 대해서도 큰 역할을 할 것이다.

(프로 야구 선수협 관계자)

연봉 협상과 광고, 후원 계약에 대한 기대보다는 덜하지만 선수들은 에이전트의 풍부한 해외 경험과 경력을 바탕으로 장차 해외 리그에 진출할 수 있기를 기대했다. 프로 축구 선수는 에이전트에게 언론 홍보 등에 대한 전문성과 풍부한 경험을 기대했다. 프로 축구 G구단 선수는 에이전트 경력으로 전문성을 중점으로 꼽았는데, 이 선수는 "FIFA의 중개인 중에는 기자 출신 에이전트가 매우 많다. 이들은 미디어에서 쌓은 경력과 네트워크를 통해 미디어상에서 문제가 생길 요소를 막아주고, 자신이 담당하는 선수의 해외 진출을 위해 해외 에이전트나 해외 미디어와의 긴밀한 접촉을 돕는다"고 말하면서 경험이 많은 기자 출신 에이전트에게 해외 진출에 대한 도움을 받을 수 있을 것이라는 기대를 갖고 있었다. 실제로 해당 선수의 과거 에이전트 중 1명은 당시 소속 선수 8명 중에 상대적으로 해외 진출이 힘든 골키퍼 1인을 제외한 7인의 해외 진출 계약을 체결할 만큼 선수들의 해외 진출을 잘 돕는 에이전트로 알려져 있다.

> 축구 에이전트 중에 기자 출신이 많다. 선수와의 접근이 쉽고, 축구와 연관된 네트워크를 많이 보유하고 있는 사람들이다. 이로 인해 일부 미디어의 악성 기사나 오보를 사전에 막을 수 있고, 해외에 진출할 때 해외 에이전트의 도움을 받기에도 쉽다.
>
> (프로 축구 G구단 선수)

에이전트 제도의 도입에 대해 우려하는 점은 무엇인가?

에이전트 제도의 도입에 대해 부정적인 의견을 가진 선수는 대부분 저연봉자나 2군에 속한 선수들이었다. 특히 제도가 막상 도입된다 해도 연봉이 적어 에이전트를 고용하기가 어렵기 때문에 이 제도를 통해 별다른 혜택을 볼 수 없다는 자조적인 생각을 하는 선수들도 있었다.

포커스 그룹 인터뷰에서 스포츠 에이전트 제도 도입의 부정적인 측면으로 언급된 키워드는 '고연봉자', '저연봉자', '시기상조'인 것으로 나타났다. A프로 야구단의 2군 관계자는 스포츠 에이전트 제도 도입이 "1군 선수와 2군 선수의 불평등을 초래할 가능성이 있다"며 우려를 표명했다. 선수들 역시 이와 비슷한 생각을 하고 있었다. 에이전트 제도가 국내에 도입되었을 때 선수들이 가장 부정적으로 생각하는 것 역시 빈부 격차에 대한 우려였다. 프로 야구 A구단 2군 관계자는 "에이전트 제도가 도입되면 정상급 선수는 분명 연봉 계약이나 해외 진출, 광고 계약을 체결하는 데 큰 도움을 얻을 수 있지만, 상대적으로 인지도가 낮은 저연봉 선수는 에이전트의 구애를 받기가 어려울 것"이라고 말했다. 또한 "에이전트를 고용하더라도 구단에 부정적으로 비춰지는 경우가 많아 오히려 계약 과정에서 좋지 않은 영향을 받을 수 있다"고 말했다. 2군에 속한 한 선수는 "어느 정도 인지도가 있는 1군 선수는 용품 후원을 받을 여건이 되지만 2군 선수 중에는 용품 후원을 받는 선수를 찾아보기 어렵고, 거의 대부분 개인 비용으로 구입해 사용하고 있다. 이런 상황에서 에이전트 제도가 도입된다면 선수들의 '부익부 빈익빈' 현상이 더욱 심화될 것"이라며 제도 도입에 대해 다소 부정적인 입장을 보였다. 고연봉자에 대해 저연봉자가 느낄 수 있는 상대적 박탈감을 어떻게 극복할 수 있을지, 또한 저연봉자에게도 혜택을 줄 수 있는 적절한 방안은 무엇인지 생각해볼 필요가 있다.

1군 선수는 용품 스폰서십이 들어오는 경우가 많지만, 2군 선수는 구단 지급품이 아니면 방법이 없다. 만약 선수협의 에이전트 관련 의견대로 용품 후원을 구단이 아니라 선수 개인과 계약하는 방식으로 고친다면, 선수 간의 불평등을 초래할 수 있다. KBO에서 뛰는 내국인

선수라면 모두 가입되어 있는 게 선수협이다. 고연봉자만의 모임이
아니라는 것을 알았으면 한다.

(프로 야구 A구단 관계자)

제도가 도입되어 시행된다 해도 선수 입장에서는 연봉 협상 과정에서
구단과 마찰이 생길 수 있기 때문에 약간 망설이게 된다. 또한 1군에
서 뛰는 연봉 1억 원 이상의 선수에게는 도움이 되겠지만, 저연봉자
혹은 2군 선수에게는 큰 도움이 될지 의문이다.

(프로 야구 B구단 선수)

에이전트 제도는 시기상조인가?

그동안 구단이 에이전트 제도에 대해 불편해 했던 명분은 바로 국
내 스포츠 선수 시장 규모가 작아 아직 시기상조라는 것이었다. 특히
야구를 제외한 농구, 배구 등 아직 에이전트가 활성화되지 않은 종목
에서 이런 의견은 더욱 극명하게 나타났다. 리그 규모가 작고 선수의
연봉 시장이 프로 야구에 비해 상당히 작게 느껴지는 농구와 배구 시
장을 고려하면 이런 반응은 충분히 이해할 수 있다.

프로 배구 감독을 지낸 현 대학 배구팀 감독은 "배구 열기가 과거
에 비해 뜨거운 것은 사실이다. 하지만 현재 프로 배구에서 해외 진
출 사례가 많지 않고, 국내 리그에서 활동하는 선수도 아직 구단의
인식이 에이전트를 인정하는 풍토가 아니다"면서 에이전트 제도 도
입에 대해 부정적인 의견을 보였다. 현재 C대학 농구부에서 활약하

는 한 선수는, 신인 선수가 에이전트를 고용한 채 프로 무대에 도전했을 때를 상상하면서 "에이전트는 아직 시기상조"라는 의견을 피력했다. 현재와 같은 보수적인 상황에서는 "스타 플레이어가 아니라면 에이전트 고용이 요원할 것"이라는 의견도 함께 제시했다. 프로 배구에서 활동하는 선수는 "현재 배구에서는 극히 일부 선수만 에이전트를 고용하거나, 과거 고용한 적이 있는 것으로 안다. 이렇게 시장이 작은 편이라 프로 배구 선수만 담당하는 에이전트는 많지 않다. 보통 농구 등 타 종목의 에이전트 업무도 겸하는 형태로 알고 있다"면서 배구는 에이전트의 주력 시장이 아님을 인지하고 있었다.

이처럼 FIVB나 FIBA 등 국제 공인 기관에서는 현재 에이전트 제도를 인정하고 있지만 시장의 규모가 크지 않기 때문에 여러 종목을 동시에 담당할 수밖에 없는 현실이 에이전트 시장의 발전을 저해하는 요인으로 작용한다.

해외 진출 사례가 2건에 지나지 않는다. 배구의 인기가 많아지는 추세지만, 아직 규모와 인식의 문제로 에이전트 활성화는 힘들다.

(C대학교 배구부 감독)

선배들도 에이전트가 없는데 신인이 에이전트를 대동하고 계약을 논할 것이라는 소문이 돌면, 좋은 대우는 고사하고 지명이 안 될 수도 있다. 우선적으로 지명될 수 있는 선수도 마찬가지다. 신인급 선수를 포용할 능력도 없으니 주전이 되어도 에이전트 고용은 힘들 것 같다.

(C대학교 농구부 선수)

현재 배구는 극히 일부 선수가 에이전트를 고용하거나, 고용한 적이 있는 것으로 안다. 이처럼 시장이 작은 편이라 프로 배구 선수만 담당하는 에이전트는 많지 않다. 보통 농구 등 타 종목의 에이전트 업무도 겸하는 형태로 알고 있다.

(프로 배구 E구단 선수)

수수료에 대한 부담도 선수들이 에이전트 제도를 부정적으로 인식하는 원인의 하나로 파악되었다. 프로 축구단에서 활동하는 H선수는 "예전에 계약했던 에이전트에서 '수수료 10퍼센트'를 에이전트 재계약 조건으로 제시하는 바람에 계약을 포기했다"고 털어놓았다. FIFA와 대한축구협회 대리인 규정에 따르면 에이전트에 지급하는 수수료는 선수 연봉의 3퍼센트를 권장하고 있지만 현재 에이전트들이 그보다 많은 수수료를 원하고 있어 문제가 되고 있다. 선수 입장에서는 에이전트가 연봉 협상이나 이적 계약 외에는 특별히 수수료에 맞는 업무를 하고 있지 않다고 생각하기 때문이다. J선수는 자신이 고용한 에이전트가 "정상급 선수만 챙기고 나머지 선수는 거의 방치하듯 대우해서 소외감을 느낀 적이 있다"고 서운함을 토로했다. 아무리 실력이 좋은 에이전트라 해도 수수료만 챙기려 하는 풍토를 여실히 보여주는 사례다. 한 선수는 본인이 아닌 동료 선수의 얘기라고 운을 띄우며 "전성기에 갓 접어든 모 선수가 에이전트를 통해 매우 불리한 조건으로 재계약을 했는데, 나중에 확인해본 결과 구단과 유착 관계에 있는 에이전트였던 것으로 드러났다. 그는 별도의 수수료를 구단에게 요구하고 구단이 제시한 연봉과 비슷한 조건에 합의하기 위해 선수 측에서 받을 연봉을 의도적으로 낮췄다는 정황을 포착했다"는 충격적인 이야기를 전했다. 덧붙여서 "재계약에만 혈안이 되어 끊임없이 기존 구단 사무국에 이적을 요구하는 에이전트를 경험해본 적도 있다"고 고백했다.

프로 야구 선수 출신인 B구단 관계자는 "실제로 FA 계약을 위해 한 선수와 협상에 돌입하려 했는데, 선수의 지인이 나와서 불합리한 조건을 먼저 제시했던 경험이 있다. 합당한 기준도 없이, 'FA 대박'만 노린 지인의 고압적인 자세로 협상 테이블을 접을 수밖에 없었다"고 일화를 들려주었다. 이를 근절하기 위해서는 "공인된 에이전트의 명단을 선수들이 자유롭게 볼 수 있는 환경, 그리고 공인된 에이전트만 계약할 수 있는 환경을 만드는 게 필수"라고 강조했다.

FIFA에서 권장하는 에이전트 수수료는 3퍼센트인 것으로 알고 있는데, 내가 계약했던 한 에이전트는 재계약 조건으로 10퍼센트의 수수료를 제시했다. 구단 관계자와 개인 친분에 의지해 제대로 된 연봉을 받아내려 하지 않고, 수수료부터 챙기는 에이전트도 있다.

(프로 축구 G구단 선수)

구단 내 FA 계약 대상자의 잔류를 위해 협상 테이블에 앉았던 적이 있는데, 에이전트로 나선 사람은 전문성이 없는 지인이었다. 불합리한 금액을 먼저 제시받았는데, 협상을 접는 결정적인 계기가 되었다. 공인된 에이전트 명단을 선수들이 마음껏 볼 수 있는 풍토가 아니라면, 선수들은 에이전트에게 도움을 받을 수 있다는 생각보다 우려감부터 느낄 것이다.

(프로 야구 A구단 관계자)

현행 에이전트 제도의 형평성에 대한 불만은 없는가?

현행 에이전트 제도와 관련한 내국인—외국인 선수와의 형평성 문제에 대해 주로 언급된 키워드는 '핵심 전력', '언어 장벽', '불합리 없음' 등이다. 해외 리그는 이미 에이전트 제도가 보편화되어 있기에 해외에서 국내로 오게 된 선수가 에이전트를 고용하는 것은 당연한일이다. 국내 리그는 에이전트를 고용하기에 시장 규모가 작기에 불평등하다고 생각하지 않으며 오히려 당연하게 받아들이고 있었다. 대학 아마추어 야구 선수들도 에이전트 제도에 대해 프로 스포츠 선수와 크게 다르지 않은 맥락이었다. 우선 외국인 선수에게는 언어 장벽이 크기 때문에 에이전트가 꼭 필요하다고 생각했다. 또, 실력을 인정받고 국내 리그로 이적되어 온 용병은 그만한 대우를 받고 오는 것이기에 불공평하다고 생각하지 않는 분위기였다.

• FGI 인터뷰 중 '외국인 선수' 관련 답변 키워드 분석 결과

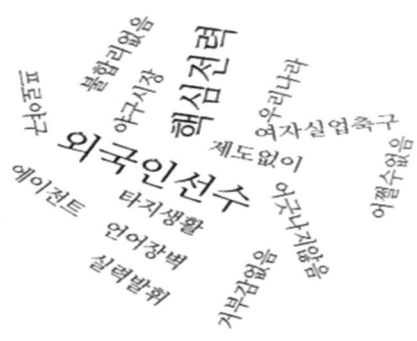

MLB를 포함한 타 리그에서는 에이전트 제도가 이미 보편화되어 있다. 해외 리그에서 오는 외국인 선수가 에이전트를 고용하는 것은 당연하기 때문에 크게 불평등하다고 생각하지 않는다. 또한 국내 야구 시장 규모 자체가 작기 때문에 이런 면에서 불평등하다기보다는 당연한 것으로 받아들이고 있다.

(프로 야구 B구단 선수)

외국인 선수는 말도 잘 안 통할뿐더러 실력을 인정받고 오는 것이다.

그렇기에 그만한 대우를 해주는 것이 불공평하다고 생각하지 않는다.

(C 대학교 야구 선수)

신인 선수나 연차가 높은 선수들은 구단과 직접 자신의 의견을 피력할 수 있는 입장이 아니므로 이들에게는 별다른 도움이 되지 않는다. 특히 경기에 자주 뛸 수 없는 선수에게는 큰 영향이 없다고 본다.

(프로 배구 I구단 선수)

에이전트 제도와 관련해 고려할 사항은 무엇인가?

선수와 구단 관계자, 학부모를 대상으로 설문조사를 한 결과, 연봉 협상과 관련해 에이전트의 역할을 크게 기대하는 것으로 나타났다. 현재 대부분의 리그에 에이전트 제도가 도입되지 않은 상황에서 연봉 협상 과정에 문제가 있음을 간접적으로 드러낸 반응이었다. 그뿐만 아니라 에이전트 제도의 성공적인 도입을 위해서는 에이전트의 연봉 협상 능력을 우선 고려해야 한다는 의미로 해석할 수 있다. 일반 팬을 대상으로 한 설문조사에서도 역시 에이전트 제도가 도입되면 연봉 협상에서 선수의 권익이 보호될 것이라고 기대하고 있음을 알 수 있었다.

이것으로 보아 연봉 협상에서 직접적인 이해 관계자가 아닌데도 현재의 제도로는 선수에게 불합리한 점이 있다고 생각하는 것을 알 수 있다. 이런 점을 고려해 에이전트 제도를 도입해야 한다고 볼 수 있다. 반면, 세 조사 집단에서 공통적으로 에이전트 제도가 도입되어도 저연봉자에 대한 권익 보호는 평균적인 수준에 머무를 것이라는 결과가 나왔다. 이것으로 비추어볼 때 에이전트 제도의 도입이 고연봉자와 FA 선수에게만 유리하고 저연봉자에게는 특별한 혜택이 돌아가지 않을 것이라는 생각이 보편적임을 알 수 있다. 하지만 에이전트 제도를 통해 저연봉자나 신인 선수에게도 도움이 되었으면 좋겠다는 다수의 의견과 조사 결과가 있었기에 이 점에 대해 적절한 보완과 대책이 필요하다고 생각된다.

에이전트 제도와 관련해서 고려 사항으로 '저연봉자', '자격 요건', '범죄 기록' 등이 주제어로 나타났다. 포커스 그룹 인터뷰 내용을 정리해보면 연봉이 낮은 선수의 권익을 대변하기 위한 에이전트 정책이 나와야 한다고 볼 수 있다. 모 에이전시 대표는 선수 간의 연봉 격차가 점점 커지는 것에 문제를 제기하면서 "프로 선수의 근속 기간이 짧은 만큼 최소 연봉의 인상이 필요하고, 프로야구선수협회 차원

• FGI 인터뷰 중 '에이전트 제도 고려 사항' 관련 답변 키워드 분석 결과

에서 이런 문제점을 해소하는 데 적극적으로 신경 써야 한다"고 말했다. 프로야구선수협 관계자는 "1군과 2군 선수를 동등하게 취급할 수 없는 현실을 고려해 2군 선수 같이 저연봉 선수를 위해 연봉 협상 등을 위한 의무적 자료 제공과 장비, 용품 후원 등의 방법으로 부익부 빈익빈 현상을 줄이는 방안을 마련해야 한다"고 말했다. 또한 "에이전트 자격 부여에 분명한 조건이 필요하며, 에이전트 제도의 도덕적인 기준을 확립하기 위한 제도적 장치가 필요하다"고 말했다. 프로 야구 리그에서 활동하는 K선수는 "고연봉자와 저연봉자 간의 갭이 생기지 않으려면 모든 선수들이 공평한 대우를 받을 수 있게 연봉 수준에 따른 담당 에이전트를 따로 두어야 한다"는 대안을 제시했다. 대부분의 프로 야구 관계자들은 에이전트 제도가 도입된다면 그에 걸맞은 검증된 전문성을 갖고 있는 사람을 효과적으로 선별할 수 있는 제도적 장치와, 에이전트로서의 역할과 임무에 대한 도덕적인 기준을 명확히 수립해야 한다는 의견을 밝혔다.

저연봉자의 권익을 대변하기 위한 정책이 나와야 한다고 생각한다. 수수료가 발생하는 부분에서 저연봉자에게 보조해줄 수 있는 정책이 나온다면 에이전트 제도는 일부 선수만이 아닌 모두의 혜택으로 돌아올 것이다. 자격을 부여하는 주체가 어찌 되었든 자격은 필요하다. 변호사 등 전문성을 띤 사람이 아닌, 해당 선수의 지인이 에이전트 역할을 하면 말이 안 되는 잣대로 협상에 임할 수 있기 때문에 합리적이지 않다. 범죄 기록이 있는 사람은 자격을 금하는 등 에이전트의 도덕적인 기준도 수립해야 한다.

(프로 야구 A구단 관계자)

제도가 도입되려면 어떤 시점을 정해놓고 시행하기보다 은퇴 선수나 프런트 직원, 법률가 등 스포츠 각 분야 전문가가 참여한 협의회, 공청회 등을 거쳐야 한다. 이런 과정을 거치지 않고 시행하면 해외 기존 에이전트가 알짜배기 선수 10~20명 정도만 관리하게 되어 리그 전체를 좌지우지하는 상황이 닥칠 수 있다. 그렇게 되면 스포츠가 가지는 승패의 모호성에 큰 타격을 주게 된다.

(프로 야구 B구단 관계자)

FA 선수, 2군 혹은 아마추어 담당을 따로 두어 선수들 사이에서도 고연봉자와 갭이 생기지 않도록 1군 선수만큼 2군 혹은 아마추어 선수도 공평한 대우를 받을 수 있게 진행했으면 좋겠다.

(프로 야구 B구단 선수)

에이전트에게 기대하는 역량은 무엇인가?

설문조사 결과 스포츠 에이전트에게 가장 요구되는 역량은 합법적인 계약을 위한 법률 지식인 것으로 나타났다. 선수 응답자 중 45퍼센트, 학부모 응답자 중 78퍼센트가 법률 지식이 필요하다고 응답했다. 선수, 구단, 협회 관계자를 대상으로 진행한 포커스 그룹 인터뷰 연구에서도 스포츠 에이전트에게 필요한 역량으로 '법률 지식'이 매

• 스포츠 에이전트에게 요구하는 역량에 대한 설문조사 결과

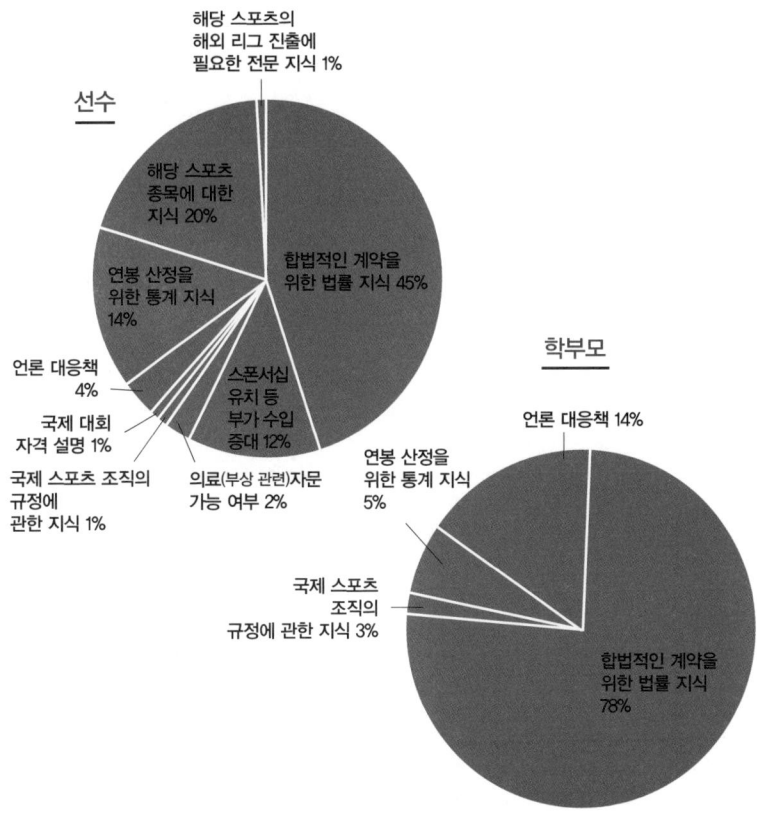

우 많이 언급되었다. 특히 선수 입장에서 구단과의 관계에서 계약과 관련한 분쟁이 발생하면 이를 해결할 수 있는 법률 지식이 필요하며, 이는 에이전트를 고려할 때 가장 중요한 요소로 작용하고 있음을 나타내고 있다. 다음은 스포츠 에이전트의 필요 역량으로 '법률 지식'에 대해 언급한 포커스 그룹 인터뷰 내용 중 일부다.

이적과 연봉 계약을 위한 법적 지식과 협상력은 에이전트에게 가장 중요한 능력이다.

(프로 축구 G구단 선수)

추상적인 계약으로 분쟁의 소지가 너무 많다. 따라서 선수 계약, 매니지먼트 계약에 대한 명확한 이해와 처리가 가장 중요하다.

(프로 야구 B구단 사무국장)

선수들이 에이전트에게 가장 많이 요구하는 역량은 선수에게 불리한 상황이 닥쳤을 때, 선수를 재빨리 보호하고 커버해줄 수 있는 능력과 상당한 법률 지식이라고 생각한다.

(C대학교 야구 선수)

계약할 때 계약서 내용을 제대로 숙지하지 못하고 사인하는 경우가 있는데, 에이전트를 통해 계약에 관한 것, 특히 법적인 부분은 큰 도움을 얻을 수 있다고 본다.

(프로 배구 I구단 선수)

법률 지식과 더불어 스포츠 에이전트에게 가장 많이 요구되는 역량은 '해당 스포츠 종목에 대한 지식'으로 나타났다. 선수, 구단 관계자, 에이전트 등을 대상으로 진행한 포커스 그룹 인터뷰에서 에이전트의 가장 중요한 자질은 스포츠 산업과 해당 스포츠에 대한 지식이라고 언급되고 있다. 에이전트가 수행하는 업무 중 가장 기본은 자신이 담당하는 스포츠에 대한 기본적인 이해와 지식이다. 물론 선수 관리, 조언 등 전반적인 매니지먼트 업무를 수행하기 때문에 이에 대한 중요성을 언급하고 있는 것으로 파악된다.

에이전트의 가장 중요한 자질은 스포츠 산업과 자신이 맡고 있는 종목에 대한 이해라고 생각한다. 스포츠 산업과 해당 종목이 어떻게 돌아가고 있는지 알아야 할 뿐만 아니라 특정 스포츠에 대한 규약과 법규는 수시로 찾아보는 게 효과적이다. 따라서 계약에 대한 지식보다 스포츠 산업과 그 종목에 대한 이해가 필요하다고 생각된다.

(프로 야구 에이전트 A씨)

스포츠 에이전트 교육에서 가장 중요한 것은 직업에 대한 윤리와 해당 스포츠에 대한 이해다.

(프로 야구 에이전트 B 씨)

선수들은 에이전시를 고를 때 스포츠를 잘 알고 있는지, 협상 능력을 지녔는지를 가장 중요하게 고려해야 한다.

(프로 농구 K구단 선수)

'연봉 산정을 위한 통계 지식'도 에이전트에게 요구되는 주요 역량인 것으로 파악되었다. 특히 '통계 지식'에 대한 기대는 학부모(학부모 응답자의 5퍼센트)보다 당사자인 선수의 기대가 높게 나타났는데(선수 응답자 중 14퍼센트), 이는 선수 자신의 연봉에 직접적인 영향을 미칠 수 있는 부분이기 때문에 에이전트의 역량을 중요하게 생각하는 것으로 보인다.

선수들은 에이전트가 자신의 가치를 최대한 높게 측정해주어 연봉 협상 시 최대한 많은 연봉을 받게 해줄 수 있기를 바란다.

(C대학교 야구 선수)

프로 야구에서는 연봉 협상 시 선수협에서 어느 정도 선수를 도와주는 것으로 알고 있지만, 연봉 산정과 협상액과 관련한 객관적인 자료를 잘 준비해오는 선수는 흔하지 않기 때문에 이에 대한 역량을 보유한 에이전트 제도가 필요하다.

(프로 야구 B구단 관계자)

선수의 상품성과 인지도를 활용해 광고나 후원 계약을 체결하고 부수입을 늘리는 것도 에이전트에게 기대하는 주요 역량으로 파악되었다. 후원 계약은 현금, 현물 등 다양한 방식으로 이루어지지만 선수의 용품 지원 등이 대부분을 차지하고 있다. 광고 유치는 주로 스타급 선수에 한해 이루어지고 있는 상황이다. 설문조사를 통해서도 응답자 중 약 12퍼센트에 해당하는 선수들이 광고와 후원 계약을 체결할 수 있는 능력이 중요하다고 선택했다. '광고와 후원 계약 체결'에 대한 이해 관계자들의 포커스 그룹 인터뷰 중 일부를 발췌한 내용은 다음과 같다.

비시즌에 팬 사인회 같은 다양한 외부 행사를 유치해 선수의 가치를 높이고, 방송 출연과 광고 계약을 유치하며, 계약을 체결할 수 있는 능력이 있었으면 좋겠다.

(프로 배구 I구단 선수)

에이전트 고용을 통해서 물품 후원 같은 부분이 가장 도움이 되었다.

(프로 축구 G구단 선수)

능력 있는 에이전트는 축구화, 의류 등의 장비에 대해 스폰서를 유치해 선수에게 제공하는데, 이런 면이 장점이라고 생각한다.

(프로 축구 G구단 선수)

앞서 살펴본 바와 같이 에이전트 업무를 수행하기 위해 다양한 지식과 역량이 필요하다. 이 외에 해당 스포츠의 해외 리그 진출에 필요한 전문 지식, 의료(부상 관련) 자문 가능 여부, 국제 스포츠 조직의 규정과 규약에 대한 지식, 언론 대응책 등 다양한 역량이 필요하다고 응답했다. 포커스 그룹 인터뷰 등을 통해서는 외국어 능력, 국내외 네트워크(인맥) 등에 대해서도 언급했다.

연봉 협상 같은 계약적인 면뿐만 아니라 선수의 컨디션 관리도 해준다면 선수들이 경기에만 집중할 수 있는 여건이 조성되므로 큰 도움이 될 것이다.

(프로 배구 I구단 선수)

선수들이 부상을 입었을 때 조금 더 신속하고 확실한 치료를 에이전시를 통해 받을 수 있으면 좋겠다.

(프로 농구 K구단 선수)

해외 진출을 위해서 해외 구단 관계자와 네트워크를 어느 정도 구축하고 일을 진행할 수 있는 역량이나 외국어 능력을 갖추고 있어야 한다고 생각한다.

(프로 축구 G구단 선수)

선수가 챙길 수 없는 부분을 에이전트가 나서서 도와주기도 한다. 알다시피 우리는 운동에 집중하기 때문에 미디어 대응법을 잘 모른다. 에이전트 중에는 기자 출신이 많아 미디어 대응이나 해외 진출을 위한 네트워크 구축 등에서 선수들이 큰 도움을 받는다. 적어도 이상한 기사가 날 일은 없다. 아울러 선수들은 원정 경기나 훈련 스케줄 때문에 가족과 떨어져 지내는 기간이 많은데, 이럴 때 선수 가족의 편의를 위해 입장권을 마련해준다거나, 명절 대소사 등을 챙겨주기도 한다.

(프로 축구 G구단 선수)

시즌 중에는 미디어 노출로 자신을 많이 알릴 수 있지만 비시즌에는 이런 노출이 제한적이다. 에이전트를 통해서 외부 행사나 일정이 잡힌다면 좀더 많은 팬과 교류할 수 있다고 생각한다.

(프로 배구 I구단 선수)

13

에이전트 제도에 대한 5가지 오해와 진실

      이 책을 준비하면서 프로와 아마추어 선수, 리우 올림픽 출전 선수, 구단과 협회 관계자, 아마추어 선수의 학부모, 현 에이전트 등 다양한 이해 관계자들을 만나 인터뷰를 진행했다. 인터뷰를 진행하면서 스포츠 산업에서 오랫동안 경험을 쌓아온 관계자나 이해 당사자인 선수들조차 에이전트 제도에 대해 막연한 생각만 하고 있을 뿐, 긍정적이든 부정적이든 진지하게 생각해본 적이 별로 없는 것 같아 놀라웠다. 오히려 포커스 그룹 인터뷰를 통해 에이전트의 필요성과 이들의 적절한 역할, 그리고 에이전트 제도의 필요성에 대해 더욱 확고한 생각을 하게 되었다고 말하는 선수와 관계자들이 많았다. 구단과 협회 관계자도 몇 번의 인터뷰 과정을 거치면서 몇 달 전에는 부정적인 입장을 지녔지만 중립적, 혹은 긍정적인 입장으로 태도가 바뀌는 경우도 종종 목격되었다. 에이전트 제도에 대한 공개적인 논의와 대화를 통해 이 제도의 긍정적인 측면이 많이 거론되었기 때문이기도 할 것이다. 특히 양해영 KBO 사무총장이 2016년 9월 29일에 열린 프로 스포츠 부정행위 방지를 위한 개선안 발표 기자회견에서 "국내 프로 야구에 이르면 2017년에 에이전트 제도를 도입할 수 있다"[119]고 밝히면서 에이전트 제도에 대한 긍정적인 입장을 보였는데, 이는 프로 스포츠 리그 내부에서도 에이전트 제도에 긍정적인 시각을 갖고 있는 관계자들이 늘었다는 것을 반증하는 것이 아닐까 생각한다. 이번 장에서는 지금까지 우리가 막연히 생각했던 에이전트 도입에 대한 5가지 오해와 진실을 파헤쳐보자.

에이전트 제도 vs. 악덕(무자격) 에이전트

스포츠 관계자들과 만나 에이전트 제도 도입의 필요성에 대해 얘기를 나누어보면 구단과 협회 관계자 중 일부는 에이전트 제도에 대해 여전히 거부감을 갖고 있거나 현재의 재무 구조 상황에서 에이전트 제도의 도입은 시기상조라고 강조한다. 공통적으로 많이 나온 근거는 바로 "모기업의 도움 없이 구단의 수입만으로 운영하기 어려운 상황에서 에이전트 제도가 도입되면 선수 연봉이 올라 구단의 재정을 압박할 수 있다"는 것이다. 특히 A프로 야구단 운영팀장은 "비공식적으로 에이전트라 불리는 지인의 도움으로 연봉을 올리려는 선수들이 종종 있는데, 규정에 어긋나는 이러한 상황이 더 심해질 수 있다"며 우려를 표하기도 했다. B프로 야구 구단 관계자는 이런 불편한 경험에 대해 "FA 선수가 연봉 협상할 때 대리인을 동석시키는 경우가 있다. 그런데 전문적인 에이전트가 아닌 친구나 지인과 함께 나와서 문제가 된다. 지난 시즌 종료 후 우리 구단에서 협상했던 A 선수는 친구와 함께 협상 테이블에 앉았는데 다른 부분을 고려하지 않은 채 오로지 금전적인 부분만 논했다. 전체적인 야구 시장이 파탄 날 수 있다는 것을 고려하지 않고, 일정한 기준이 없는 금액을 요구했다. 그래서 그 대리인과 대화를 일절 하지 않았다"고 토로했다. 또 다른 관계자는 "에이전트 제도를 도입하면 연봉 협상이 더 힘들어질 것으로 보인다. 기존에는 선수를 설득하는 입장이었다면 이제는 에이전트를 설득해야 하기 때문이다. 하지만 언젠가는 에이전트 제도가 들어올 것이라고 생각한다. 성급하게 제도를 도입해서는 안 된다. 선수들도 에이전트 제도의 달콤한 면만 생각하지 말고, 안 좋은 것에 대한 경각심을 가져야 한다. 만약 에이전트 제도를 시행했는데, 한국 정서에 안 맞거나 실패로 접어야 한다면, 그때는 이미 늦을 것이다. MLB, NPB에서 일어난 부작용을 확실히 살펴보자"고 경고했다.

구단 관계자들과의 인터뷰 내용을 잘 들여다보면 아직 대리인(에이전트) 제도가 공식적으로 시행이 안 된 상황이라 대부분의 국내 선수들은 에이전트를 고용할 수 없는데도 자신을 '에이전트'라고 부르며 선수의 연봉 협상에 개입하려는 사람이 있음을 알 수 있다. 구단 관계자들이 불편해하는 것은 '에이전트 제도의 도입'이 아니다. 대리인 역할을 하는 사람의 역할이 불분명하고 자격이나 능력도 검증되지 않았기 때문에 이들을 신뢰할 근거가 없다는 뜻으로 보는 것이 옳다. 최근에는 에이전트 제도에 대해 긍정적인 입장을 취하는 구단 관계자들이 늘고 있다. 에이전트 제도에 대해 여전히 알레르기 반응을 일으키는 구단 관계자도 있지만 일부 구단 관계자는 오히려 에이전트 제도의 도입을 내심 반긴다. 한 프로 야구단 관계자는 "에이전트 제도의 필요성에 매우 동의한다"면서 다음과 같은 의미심장한 말을 전했다. "에이전트 제도의 필요성을 절실히 느낀다. 담당자로서 힘들어지는 것은 나중 문제다. 선수협회에서 어느 정도 도와주는 것으로 알고 있지만, 연봉 협상에 관련된 객관적인 자료를 잘 준비해 오는 선수는 흔치 않다. 우리 구단의 경우, 연봉 산정에 대한 가이드라인이 명시되어 있다. 선수 입장에서는 협상이 안 된다고 생각할 수 있지만, 우리는 가이드라인을 적용해 도출한 연봉을 가감 없이 선수들에게 공개하기 때문에 문제가 되지 않는다고 생각한다. 단, 에이전트의 도움을 받아 합리적인 척도를 가져온다면 우리도 적극 고려할 의향이 있다. 검증이 안 된 에이전트는 배척해야 한다. 검증이 안 된 사람에게 FA 협상 권한을 쥐어준다면 시장이 한순간에 무너질 것이다." 에이전트 제도의 필요성과 동시에 우려를 표한 것이다. 프로 야구 산업 시장에 대해 기본적인 이해를 갖고 구단과 선수의 입장을 모두 고려해 대화가 가능한 에이전트에 대한 구단의 갈증을 느낄 수 있었다.

또 다른 프로 야구 구단 팀장은 "최근 승부 조작과 관련해 운동선수들의 도덕적 문제가 불거지고 있는 상황에서 에이전트 제도 도입의 필요성이 증가했다. 특히 에이전트 제도가 생기면 몇 년 전 롯데 자이언츠 구단에서 벌어진 CCTV 사건 같은 문제가 사라질 것으로 생각된다. 에이전트 제도를 도입해 선수들에게 이런 문제에 대해 윤리 교육을 해야 한다"고 말했다. KBO 관계자는 에이전트 제도 도입의 긍정적인 측면에 대해 "선수생활이 끝나면 사실상 실업자가 되는 은퇴 선수들이 자신이 잘 아는 분야에서 일하도록 일자리를 창출해주기 때문에 긍정적으로 생각한다. 또한 에이전트와 선수의 접근성을 높여주고 선수의 장래성 판단 등에 대해서도 큰 역할을 할 수 있을 것이라고 생각한다"면서 에이전트 제도의 도입이 은퇴 선수들에게 일자리를 제공해줄 가능성을 언급했다.

한편, 인터뷰에 참여한 여러 구단 관계자들은 스캇 보라스와 같은 일명 '슈퍼 에이전트'가 시장을 장악할 수 있다는 점에 불안과 걱정이 앞선다는 말을 많이 했다. 일부는 "에이전트 제도가 도입되려면 어떤 시점을 정해놓고 시행하기보다 은퇴 선수, 프런트 직원, 법률가 등 스포츠 각 분야 전문가들이 협의회나 공청회 등을 통해 일련의 과정을 거쳐야 한다. 이런 과정을 거치지 않고 시행하면 보라스 같은 에이전트가 나타나 작은 국내 시장에서 알짜배기 선수 10~20명 정도만 관리해도 리그 전체를 좌지우지하는 상황이 닥칠 수 있다"고 전했다.

에이전트 제도의 필요성을 절실히 느낀다. 담당자로서 힘들어지는 것은 나중 문제다. 선수협에서 어느 정도 도와주는 것으로 알고 있지만, 연봉 협상에 관한 객관적인 자료를 잘 준비해 오는 선수는 흔치 않다. 우리 구단의 경우, 연봉 산정에 대한 가이드라인이 명시되어 있다. 선수 입장에서는 협상이 안 된다고 생각할 수 있지만, 우리는 가이드라인을 적용해 도출한 연봉을 가감 없이 선수들에게 공개하기 때문에 문제가 되지 않는다고 생각한다. 단, 에이전트의 도움을 받아 합리적인 척도를 가져온다면 우리도 적극 고려할 의향이 있다. 하지만 검증이 안 된 에이전트는 배척해야 한다. 검증이 안 된 사람들에게 FA 협상의 권한을 쥐어준다면 시장이 한순간에 무너질 것이다.

(프로 야구 구단 관계자)

최근 승부 조작과 관련한 운동선수의 도덕적인 문제가 불거지는 상황에서 에이전트 제도 도입의 필요성이 증가했다. 특히 에이전트 제도가 생기면 몇 년 전 롯데 자이언츠 구단에서 벌어진 CCTV 사건 같은 문제가 사라질 것으로 생각된다.

(프로 야구 구단 관계자)

선수생활이 끝나면 사실상 실업자가 되는 은퇴 선수들이 자신이 잘 아는 분야에서 일하도록 일자리를 창출해주기 때문에 긍정적으로 생각한다. 은퇴 선수는 에이전트와 선수의 관계에 접근성을 높여주고 선수의 장래성 판단 등에 대해서도 큰 역할을 할 것이다.

(선수협 관계자)

에이전트 제도, 모든 선수가 반길까?

에이전트 제도의 도입에 대해 2군 선수와 후보 선수들의 반응은 한마디로 냉소적이었다. 최저 연봉을 받는 그들에게는 제도가 도입된다 해도 '그림의 떡'이 될 수 있어 별다른 혜택을 보지 못할 것이라는 생각이 다수를 차지했다. 구단과 협회 관계자들도 이와 비슷한 주장을 한다. 한 KBO 관계자는 "최저 연봉이 보장되지 않는다면 선수들은 에이전트 계약을 하지 않을 것이다. 200~300억 원에 이르는 FA 선수 시장에서 경쟁을 해야 하는데 그러면 너무 힘들어진다"고 말했다. 결국 일부 특급 선수에게 치우친 제도가 될 수 있음을 우려했다. 프로 야구단 2군 선수는 "저연봉자나 2군 선수에게 큰 도움이 될지 의문이다. 만약 에이전트 제도가 도입된다면 2군 선수를 중점적으로 도와줬으면 하는 바람이다"고 밝히기도 했다. 또 다른 2군 선수는 "만약 에이전트 제도가 도입된다면 FA 선수 담당, 2군 혹은 아마추어 담당을 따로 두어 선수들 사이에서도 고연봉자와 저연봉자 갭이 생기지 않도록 1군 선수만큼 2군이나 아마추어 선수도 공평한 대우를 받을 수 있게 진행했으면 좋겠다"고 전했다.

선수들이 에이전트 제도의 도입을 반길 수 없는 또 다른 이유는 바로 눈에 보이지 않는 구단의 눈치와 압력 때문이다. 특히 선수의 규모가 작은 구단은 이런 가능성이 높아진다. 한 프로 농구 선수는 에이전트를 고용한 선수들에게 불필요한 눈치와 압박을 줄 경우 제도가 시행된다 해도 "선수들은 에이전트를 쉽게 고용하지 못할 것이다"며 제도의 도입뿐만 아니라 제도의 활성화에 대한 고민도 필요하다고 조언했다. 프로 농구 구단에서 활약하는 한 베테랑 선수는 에이전트 제도의 도입에 대해 걱정이 앞선다고 말했다. "제도의 도입으로 선수 연봉이 상승하면 구단은 어떤 식으로든 다른 복지 혜택을 줄여 전체 운영비가 상승하지 않도록 할 것이다. 나는 지금 기숙사에서 생활하는데 제도가 도입되면 기숙사 운영비를 줄일지 모른다. 지방 경기를 갈 때 비행기 대신 버스를 타는 등의 불편을 겪을 수도 있다"고 몸에 와 닿는 걱정을 했다. 이런 우려는 오랜 선수생활에서 나온 것으로 보인다. 또 다른 프로 야구 2군 선수는 "저연봉을 받는 나 같은 선수는 수수료가 부담되서 에이전트를 고용하는 것이 적합한가 하는 생각을 많이 한다. 예를 들어 연봉 8,000만 원 이상인 선수만 에이전트를 고용할 수 있게끔 시행할 것 같기도 하다"면서 스스로를 제3자라고 인식하는 안타까운 경우도 있었다. 이런 상황을 잘 아는 한 협회 관계자는 에이전트 제도의 도입에 대해 "현재 우리나라는 미국과는 달리 1, 2군을 같은 회원으로 취급하고 있다. 하지만 프로 세계에서는 1, 2군을 동등하게 취급할 수 없는 것이 현실이고, 모든 선수에게 에이전트를 고용시켜주지 못한다는 문제점이 있다. 그렇기 때문에 저연봉 선수의 연봉 협상을 위한 의무적 자료 제공과 장비, 용품을 후원하는 두 가지 방법을 모색 중이다"면서 제도 도입 시 혜택을 못 받는 선수들을 보호하기 위해 진지한 고민을 하고 있었다.

에이전트 제도 도입을 계획할 때 절대 간과하지 말아야 할 점은 바로 이 제도의 수혜자는 선수(고객)라는 사실이다. 에이전트 비즈니스의 시장 논리상 고연봉자들이 에이전트의 주요 시장이 될 뿐만 아니라 이들을 고객으로 삼기 위한 에이전트의 집중적인 구애가 펼쳐질 것은 불을 보듯 뻔하다. 하지만 에이전트 제도의 진정한 의미를 위해서는 연봉이 적은 선수들에게도 제도권 밖으로 밀려나지 않도록 어떤 방식으로든 혜택이 돌아갈 수 있게 제도적 장치가 반드시 필요하다.

저연봉자 혹은 2군 선수에게 큰 도움이 될지 의문이다. 그렇기 때문에 만약 도입이 된다면 2군 선수를 중점으로 해서 도움을 주었으면하는 바람이다.

(프로 야구 2군 선수)

에이전트 제도 도입으로 선수 연봉이 상승하면 구단은 어떤 식으로든 다른 복지 혜택을 줄여 전체 운영비가 상승하는 것을 막을 것이다. 나는 지금 기숙사에서 생활하는데, 에이전트 제도가 도입되면 구단에서는 기숙사 운영비를 줄일지 모른다. 지방 경기를 갈 때 비행기 대신버스를 타는 등의 불편을 겪을 수도 있다.

(프로 농구 선수)

현재 우리나라는 미국과는 달리 1, 2군을 같은 회원으로 취급하고 있다. 하지만 프로 세계에서 1, 2군을 동등하게 취급할 수 없다는 것이현실이고 모든 선수에게 에이전트를 고용시켜주지 못한다는 문제점이 있다. 그렇기 때문에 저연봉 선수의 연봉 협상을 위한 의무적 자료제공과 장비, 용품을 후원하는 두 가지 방법을 모색 중이다.

(선수협 관계자)

에이전트 시장은 폭발적으로 성장할까?

국내 에이전트 시장의 앞날을 예측하는 일은 불가능하다. 왜냐하면 일부 리그를 제외하면 아직까지 공식적인 시장이 형성된 적이 없고, 이에 대한 신뢰 있는 객관적인 데이터가 존재하지 않기 때문이다. 결국 경험이 많은 전문가의 의견에 의존할 수밖에 없는 한계가 있다. 일각에서는 에이전트 제도의 도입으로 신규 에이전트가 대거 시장으로 몰려들 것이라는 매우 낙관적인 전망을 내놓기도 한다. 특히 스포츠 시장에 대한 지식이 부족한 체육 · 스포츠 관련학과 학생은 스포츠 에이전트라는 직업에 열광한다.

교육 현장에서 느끼는 에이전트에 대한 학생들의 관심과 열기는 외부에서 보는 것보다 훨씬 뜨겁다. 하지만 여러 전문가는 이런 태도에 대해 다소 조심스럽고 보수적인 입장을 취한다. 프로 야구 전문가로 잘 알려진 스포츠경영학과 교수는 "프로 야구는 전체 시장 규모를 고려할 때 에이전트 제도가 정착해가는 과정에서 약 10명 정도의 에이전트만이 입지를 굳힐 것으로 생각한다. 시장 규모가 그리 크지 않기 때문에 무한정 성장하기는 어려울 것"이라고 전망했다.

프로야구선수협회 관계자 역시 이와 비슷한 의견을 보였는데, "현재 적어도 7억 원 정도의 매출이 있어야 에이전트 운영이 가능한데 350~400억 원 규모의 국내 시장에서는 에이전트가 5명 정도 배출될 수밖에 없다. MLB는 선수 계약 자체만으로도 에이전시를 운영할 수 있지만 국내 에이전트는 광고와 스폰서 같은 일반 매니지먼트 사업을 겸해야 에이전시 운영이 가능하다"고 말했다. 프로 야구 구단 관계자 역시 "작은 국내 시장에서 알짜배기 선수 10~20명 정도만 관리하는 보라스 같은 슈퍼 에이전트가 리그 전체를 좌지우지하는 상황이 닥칠 수도 있다"고 경고했다. 한 프로 야구 관계자는 "에이전트 시장이 제도 도입과 함께 급속도로 커질 것 같지는 않다. 그렇기 때문에 선수를 키워서 해외에 진출시키는 육성형으로 가야 한다"고 에이전트 제도의 방향을 제시했다.

하지만 에이전트 시장은 꾸준히 성장할 것이라고 조심스럽게 전망한다. 에이전트 시장의 성장을 위해서는 다음과 같은 3가지 동반 성장 요인이 충족되어야 한다. 그것은 바로 '광고와 후원 계약 등을 통한 연계 산업의 발전', '국내 이적 시장의 활성화'와 '수집품 시장의 개척'이다. 에이전트 시장 규모를 단순히 선수의 연봉 규모로만 규정하는 것보다 광고와 후원 계약 시장이라든지, 선수의 국내외 이적 시장이 활성화된다는 가정을 하면 앞으로 지속적인 성장이 가능할 것으로 전망해도 무리는 아니다. 지금까지 정상급 연예인이 독점하다시피 했던 스포츠, 아웃도어 의류와 용품 광고 시장에 스포츠 스타 선수들이 진입할 수 있는 여지는 충분하다.

선수 이적 시장도 장기적으로 점점 활성화될 가능성이 열려 있다. 일본 프로 축구는 2015년 4월 1일에 중개인 제도가 시행된 이래 2016년 3월 24일 기준으로 총 56명의 중개인이 활동해 약 730여 건의 선수 계약과 이적 합의를 성사시켰다.[120] 운동선수 총 676명이 에이전트에 지불한 수수료는 7억 3,700만 엔 정도로 전체 시장의 73퍼센트를 차지했지만 선수 이적료에 대한 보상으로 구단이 에이전트에 지불한 수수료 역시 2억 7, 200만 엔(23퍼센트)을 넘었다. 에이전트들이 광고와 후원 계약을 통해 받는 수수료 비율은 연봉 계약에 비해 상당히 높은 편이다. 스포츠 선수들이 에이전트의 전략적인 도움을 받아 광고와 후원 계약을 통해 활동하는 시장이 본격적으로 개척된다면 일반적으로 광고 수입의 15~20퍼센트를 수수료 명목으로 받는 에이전트 시장 규모는 예상보다 커질 수 있다.

스포츠 선진국에서는 이미 활성화된 스포츠 수집품 시장이 한국에서는 아직 미개척 시장으로 남아 있다. 자기가 좋아하는 선수를 쫓아가 사인을 받고 오래 간직하는 팬 문화가 중개인과 도매업자의 주도로 미국에서는 이미 15억 달러 규모의 산업으로 변했다.[121] 1990년대에 들어서면서 기념품 중개 거래 상인들은 선수들에게 직접 돈을 주고 수천 개의 야구공, 야구 방망이, 유니폼 등에 사인하게 했다. 일종의 투자 의미가 강했는데, 선수가 유명해지면 그들이 사인한 용품 가격이 급등하기 때문에 잠재력 높은 선수를 미리 선별해 대량의 사인을 받아두었다. 이렇게 해서 대량 생산된 수집품을 카탈로그 회사, 케이블 TV, 소매상과 수집품 전문 상점을 통해 판매해 수입을 올렸다. 스포츠 수집품 시장의 활성화는 에이전트 시장에 또 다른 성장 동력이 될 것이다.

프로 야구는 전체 시장 규모를 고려할 때, 에이전트 제도가 정착해가는 과정에서 약 10명 정도의 에이전트만이 입지를 굳힐 것으로 생각한다. 시장 규모가 그리 크지 않기 때문에 무한정 성장하기는 어려울 것이다.

(스포츠경영학과 교수)

작은 국내 시장에서 알짜배기 선수 10~20명 정도만 관리하는 보라스와 같은 슈퍼 에이전트가 리그 전체를 좌지우지하는 상황이 닥칠 수도 있다.

(프로 야구 구단 관계자)

현재 상황에서 적어도 7억 원 정도의 매출이 있어야 운영이 가능한데 규모가 350~400억 원인 국내 시장에서는 에이전트가 5명 정도 배출될 수밖에 없다. MLB는 선수 계약 자체만으로도 에이전시를 운영할 수 있지만 국내 에이전시는 광고와 스폰서 같이 일반 매니지먼트 사업에서 하는 활동을 겸해야 에이전시 운영이 가능하다.

(선수협 관계자)

에이전트 제도가 도입되면 선수의 연봉이 상승할까?

인터뷰에 참가한 대부분의 선수와 구단 관계자는 "에이전트 제도가 도입되면 선수 연봉이 오를 것"이라는 기대를 갖고 있었다. 이해 당사자인 선수들은 연봉 상승 가능성을 매우 반기는 반면, 구단 관계자들은 연봉 상승으로 인해 구단 운영 부담이 늘어날 것이라고 걱정했다. 프로 야구 구단 관계자는 과거 경험을 얘기하면서 "하향세를 타고 있는 선수의 명성을 이용해 연봉을 높게 받아 구단 측에 피해를 주는 경우가 생길 수 있다"고 우려했다. 프로 배구 구단 소속의 한 선수는 "에이전트 제도가 도입된다면 연봉 협상 시 도움이 될 것이다. 지금은 구단과 단독으로 연봉 협상을 하고 있어서 자신의 목소리를 낼 수 없는 환경이다"고 주장했는데, 덧붙여 "무엇보다도 배구 시장이 아직은 작은데 에이전트 제도가 과연 제대로 도입될 수 있을지 미지수다"고 말했다. 에이전트 제도 도입에 대해 기대 반 걱정 반이라는 사실을 알 수 있었다. 또 다른 선수는 "사실 계약할 때 계약서를 잘 안 읽고 서명하는 경우가 많은데, 에이전트를 통해 제대로 설명을 듣고 계약을 하면 좋을 것 같다. 그런 것을 생각해보면 계약과 관련해서는 100퍼센트 도움이 된다고 본다. 특히 법적인 부문에서 큰 도움을 얻을 수 있다"고 답했다. 하지만 그 역시 에이전트 제도의 도입 가능성에 대해 의아해했다. 그리고 "구단 측에서는 거부 반응을 보일 수 있다. 배구는 아직 메이저 스포츠라는 인식이 없기 때문에 부정적인 시선이 있을 수 있다"는 우려를 표했다. KBL 선수 역시 에이전트 제도가 도입되면 선수의 연봉이 상승할 것이라는 기대를 했다. 한 선수는 "에이전트 제도가 도입된다면 연봉 협상뿐만 아니라 그 외적으로 선수들의 사생활을 존중해주고 옆에서 돌봐주고, 선수들이 부상을 입었을 때 좀더 신속하고 확실한 치료를 받을 수 있게 해줄 것이다. 경기 내외적으로 사소한 부분 하나하나 구단 측과 마주보며 얘기할 때가 있는데 에이전트가 옆에 있다면 선수들은 운동에만 전념할 수 있어서 경기력에 상당히 도움이 될 것 같다"고 밝혔다. 하지만 프로구단 관계자는 조금 다른 의견을 내놓았다. 그는 "선수 연봉은 이미 오를 대로 올라 에이전트 제도의 도입이 연봉 상승에 미치는 영향은 그리 크지 않을 것이다. 96억 원을 받는 박석민 선수를 보면 알 수 있다"고 말했다. 이에 덧붙여 "에이전트 제도가 도입되면 오히려 선수 연봉이 줄어들 수도 있다"고 예측했다. 구단이 제시하는 연봉 산정의 근거와 명분을 에이전트를 대동한 선수 측에서 제공하는 것과 합리적으로 종합 비교, 검토하며 협상 과정이 좀더 세련되어진다면 선수의 시장 가치가 좀더 객관적으로 형성될 수 있을 것이다.

에이전트 제도 도입으로 대부분의 선수와 구단 관계자들이 예상하는 것처럼 선수의 연봉이 오를 것인지 아니면 앞의 프로구단 관계자 예상처럼 오히려 거품이 꺼질 것인지는 뚜껑을 열어보면 알 수 있다. 다만 구단과의 협상 과정에서 능력과 실력이 검증되지 않고 구단에게 신뢰받지 못하는 에이전트의 영향력은 그리 크지 않을 것임은 분명해 보인다. 또, 에이전트가 구단의 신뢰를 받기까지는 적지 않은 시간이 걸릴 것으로 보인다. 에이전트를 고용했다고 해서 선수의 연봉이 무조건 오를 것이라는 생각은 논리적이지 못하다. 그런 일이 있어서도 안 되고 그럴 일도 없을 것이다. 선수의 몸값에 대한 객관적이고 논리적인 근거가 제시되어야만 구단에서도 받아들일 것이다. 연봉 협상에서 선수의 고과 평가와 관련해 수많은 노하우를 지닌 구단을 논리적으로 설득해야 한다. 선수의 연봉 인상은 출중한 능력을 검증받은 에이전트들이 시장에 공급될 때 비로소 가능한 일이다.

선수의 연봉과 관련해서 반드시 짚고 넘어가야 할 사실은 바로 에이전트 제도 도입의 기본 취지가 선수의 연봉 상승을 위한 충분조건을 만들기 위함이 아니라, 오히려 공정한 시장 가치에 따른 정당한 대우를 받는 시스템을 구축하는 데 도움을 주기 위함이라는 것이다. 프로 야구 구단의 한 선수는 "현재 연봉 협상 과정에서는 구단이 갑이고 선수가 을이다. 선수가 생각하는 연봉과 구단에서 지불하려는 연봉에 차이가 있지만 선수가 구단 입장을 반영하지 않으면 마찰이 빚어지고, 피해는 결국 선수가 입는 구조기 때문에 연봉을 삭감한다 해도 받아들일 수밖에 없다"고 그들의 열악한 입지를 설명했다. 이와 같이 구단과의 연봉 협상 과정에서 계약 당사자인 선수들이 불공평하게 느낄 수 있는 열악한 협상력에 힘을 실을 수 있도록 도와주는 것이 바로 에이전트에게 기대할 수 있는 역할이 아닐까 생각한다.

에이전트 제도가 도입된다면 연봉 협상 때 도움이 될 것이다. 지금은 구단과 단독으로 연봉 협상을 하고 있어서 선수 자신의 목소리를 낼 수 없는 환경이다.

(프로 배구 선수)

선수의 연봉은 이미 오를 대로 올라 에이전트 제도의 도입이 연봉 상승에 미치는 영향은 그리 크지 않을 것이다. 96억 원을 받는 박석민 선수를 보면 알 수 있다. 에이전트 제도가 도입되면 오히려 선수의 연봉이 줄어들 수도 있다.

(프로 야구 구단 관계자)

사실 계약할 때 계약서를 잘 안 읽고 서명하는 경우가 많은데, 에이전트를 통해 제대로 설명을 듣고 계약한다면 좋을 것 같다. 계약과 관련해서는 100퍼센트 도움이 된다고 본다. 특히 법적인 면에서 큰 도움을 얻을 수 있다고 본다.

(프로 배구 선수)

에이전트 제도가 도입된다면 연봉 협상뿐만 아니라 그 외적으로 선수의 사생활을 존중해주고 옆에서 돌봐주며, 선수들이 부상을 입었을 때 좀더 신속하고 확실한 치료를 받을 수 있다. 경기 내외적으로 사소한 부분 하나하나 구단 측과 마주보며 얘기할 때가 있는데 에이전트가 옆에 있다면 선수는 운동에만 전념할 수 있어서 경기력에 매우 큰 도움이 될 것 같다.

(프로 농구 선수)

선수 출신 에이전트 vs. 변호사 에이전트

선수들은 에이전트에게 다양한 역량을 요구한다. 여기서 문제되는 것은 구단 관계자와 선수가 에이전트에게 원하는 능력에 다소 차이를 보인다는 점이다. 구단 관계자는 에이전트가 법률 지식뿐만 아니라 스포츠 시장에 대한 전문 지식, 그리고 윤리적 자질을 갖추고 있어야 한다고 주장했다. 반면 선수는 대부분 법적 지식 외에 광고 계약이나 스폰서 계약에 관한 전문 지식과 노하우가 필요하다고 주장했다.

한 프로 야구 구단 관계자는 "자격 부여 주체가 어디든 자격이 필요하다. 변호사 등 전문성을 지닌 사람이 에이전트로 왔을 때 여러 가지 면에서 합리적으로 상호 간 입장을 이해할 수 있다. 단지 선수의 지인이라고 해서 에이전트 역할을 하면, 말이 안 되는 잣대로 협상에 임하는 경우가 많아서 합리적이지 않다. 금전적인 부분만 생각할 뿐, 시장에 미치는 영향을 전혀 고려하지 않는다. 선수 입장보다는 자신의 배만 불리기에 급급한 부류다. 범죄 기록 등 에이전트의 도덕적인 기준을 우선 확립한 후에 다른 기준을 수립해야 한다고 본다"고 말했다. 프로 농구 구단의 한 선수는 "에이전트는 우선 스포츠에 대해 잘 알아야 한다. 무엇보다도 에이전트에게 가장 중요한 것은 뛰어난 협상 기술이다"고 했다. 한 협회 관계자는 "선수 계약, 매니지먼트 계약에 대한 명확한 이해와 처리가 가장 중요하다. 추상적인 계약으로 인한 분쟁의 소지가 너무 많기 때문이다. 아무리 변호사라도 광고, 매니지먼트 분야에 어느 정도 지식이 있어야 에이전트로 활동할 수 있다. 선수는 은퇴 선수나 스포츠경영학 전공자를 선호하기 때문에 변호사같이 특정 직업군 종사자만 에이전트 역할을 도맡아 할 필요는 없다고 생각한다"고 말했다. 덧붙여 "에이전트의 자격 요건에 대한 객관적이고 효과적인 검증이 더 중요하다. 객관적이고 공정한 시스템으로 에이전트 자격을 부여하면 뒷말이 없다"고 했다. 프로 배구 구단의 한 선수는 "법적 지식을 잘 갖추고 이해할 수 있는 능력을 지녀서 연봉 협상 시 도움이 되었으면 한다. 또한 컨디션 관리에 힘써줄 수 있었으면 좋겠다. 비시즌에는 팬 사인회 같은 다양한 외부 행사를 통해 선수 자신의 가치를 높이고 많은 팬에게 노출되었으면 좋겠다. 방송 출연이나 광고 계약을 체결할 수 있는 능력을 갖추었으면 더욱 좋겠다"는 의견을 제시했다.

현재 MLB에서 활약하고 있는 김현수 선수의 에이전트로 잘 알려진 이예랑 대표는 "스포츠 에이전트 교육에서 가장 중요한 것은 직업 윤리와 스포츠의 이해"라고 했다. 오승환 선수의 에이전트인 김동욱 대표는 "에이전트에게 가장 중요한 자질은 스포츠 산업의 이해"라고 자신 있게 말했다. 덧붙여 "스포츠 산업이 어떻게 돌아가고 있는지 알아야 효과적으로 스포츠 에이전트 활동을 할 수 있다. 특정 스포츠에 대한 규약과 법규는 수시로 찾아보는 게 효과적이다"고 조언했다. 프로 야구에 조예가 깊은 한 스포츠경영학과 교수는 "스포츠 에이전트는 변호사일 필요는 없다. 에이전트가 되기 위한 진입 장벽을 낮추어 소양이 풍부한 에이전트를 양성해야 한다"고 말했다.

일부 스포츠 관계자는 에이전트 제도의 도입으로 은퇴 선수의 일자리가 창출될 것으로 예상했지만, 인터뷰 결과 그 반대의 대답이 더 많았다는 점이 매우 인상적이다. 현 프로 농구 선수는 은퇴 선수를 에이전트로 고용하는 것에 대해 "현재 선수 대부분은 에이전트가 농구 선수 출신이라면 싫어할 것 같다. 은퇴 선수 출신은 워낙 프로구단에 대해서 잘 알고 있어서 오히려 더 코를 베일 것 같다. 농구인이 더 신뢰를 주지 못한다. 차라리 비선수 출신인 전문가에게 에이전트 업무를 맡기는 것이 더 낫다고 생각한다"고 했다. 또 다른 프로 축구 선수는 "구단과 긴밀한 에이전트는 선수 입장에서는 좋은 에이전트가 될 수 없다. 물론 구단과 긴밀한 관계가 있는 에이전트 덕분에 선수가 얻게 되는 이점도 있지만 대부분이 많은 손해를 본다. 특히 연봉과 관련해 선수가 생각하는 연봉보다 훨씬 적은 금액으로 계약이 성사되는 사례가 상당히 많다"며 선수 출신 에이전트를 경계하는 입장을 보였다. 또 다른 프로 축구 선수는 "에이전트는 같은 종목에서 활약했던 선수 출신보다 법률적인 지식이 많은 에이전트를 훨씬 선호한다. 물론 선수 출신 에이전트를 고용한다면 축구와 관련된 여러 가지 부족한 부분을 채울 수 있지만 포괄적으로 보았을 때, 법률 지식이 많은 에이전트가 지식적으로 한계가 있는 선수에게 더 큰 도움이 된다"면서 선수 출신 에이전트를 그리 반기지 않았다.

자격 부여 주체가 어디든 자격은 필요하다. 변호사 등 전문성을 갖춘 사람이 에이전트로 일할 때 여러 가지 면에서 합리적으로 상호 간의 입장을 이해할 수 있다. 단지 해당 선수의 지인이라고 해서 에이전트 역할을 하면 말이 안 되는 잣대로 협상에 임하는 경우도 있기 때문에 합리적이지 않다. 금전적인 부분만 생각할 뿐, 시장에 미치는 영향을 전혀 고려하지 않는다. 선수의 입장보다는 자신의 배만 불리기에 급급한 부류다. 범죄 기록이 없는지 등을 살펴보고 에이전트로서의 도덕성을 갖춘 후에 다른 기준을 확립해야 한다고 본다.

(프로 야구 구단 관계자)

선수 계약, 매니지먼트 계약에 대한 명확한 이해와 처리가 가장 중요하다. 추상적인 계약으로 인한 분쟁의 소지가 너무 많기 때문이다. 아무리 변호사라도 광고, 매니지먼트 같은 분야에 어느 정도 지식이 있어야 에이전트로 활동할 수 있다. 선수들은 은퇴 선수, 스포츠경영학 전공자를 선호하기 때문에 변호사 같이 특정 직업군 종사자만 굳이 에이전트의 역할을 도맡아 할 필요는 없다고 생각한다.

(선수협 관계자)

에이전트의 가장 중요한 자질은 스포츠 산업의 이해다. 스포츠 산업이 어떻게 돌아가고 있는지 알아야 효과적으로 스포츠 에이전트 활동을 할 수 있다. 특정 스포츠에 대한 규약과 법규는 수시로 찾아보는 것이 좋다.

(현 스포츠 에이전트)

구단과 긴밀한 에이전트는 선수 입장에서는 좋은 에이전트가 될 수 없다. 물론 구단과 긴밀한 에이전트 덕분에 선수가 얻는 이점도 있다. 그러나 대부분이 많은 손해를 보게 된다. 특히 연봉과 관련해 선수 개인이 생각하는 연봉보다 훨씬 적은 금액으로 계약이 성사되는 사례가 매우 많다.

(현 프로 축구 선수)

스포츠 에이전트가 반드시 변호사일 필요는 없다. 에이전트가 되기 위한 진입 장벽을 낮추어 소양이 풍부한 에이전트를 양성해야 한다.

(스포츠경영학과 교수)

제언 : 에이전트 제도, 어떻게 할 것인가?

에이전트 제도의 도입과 관련해 가장 심각하게 우려하는 것은 바로 에이전트의 자격 문제였다. 구단 관계자들이 에이전트 제도에 대해 우려했던 실질적인 이유는 무자격 에이전트들이 막무가내로 선수의 연봉 협상에 개입해 구단 관계자를 난처하게 만드는 상황 때문이었다. 결국 양질의 교육 프로그램을 통한 이상적인 에이전트의 양성이 해답이다. 한 스포츠 에이전트는 "실제로 한 선수의 에이전트라고 호칭하는 사람이 여러 명인 경우가 있는데, 구단에서는 누가 진짜 그 선수의 공식 에이전트인지 알 수가 없다"고 말하면서 무질서한 에이전트 시장을 비판했다. 구단에서는 일명 '악덕 에이전트'가 설치고 다니면서 구단을 불편하게 하는 일이 없어지기를 바랐다. 한 프로 축구 선수는 "선수 입장을 대변해 선수들이 자신의 가치만큼 인정받을 수 있고 그에 걸맞은 연봉을 받게 해주는, 구단의 눈치를 보지 않는 에이전트"가 자신이 바라는 에이전트라고 말했다. 그는 또 "대부분의 에이전트가 구단과 긴밀하게 거래해 뒷돈을 챙기고 선수의 연봉을 낮게 측정해서 계약하게 하고 있다. 또 수수료를 받기 위해 여러 팀에 이적을 하게 만든다. 선수가 알지 못하는 부분을 이용해 수익을 올리려 하는 에이전트를 잘 가려내야 한다"는 충고를 잊지 않았다.

개인적으로는 객관적이고 공정한 자격 요건을 갖춘 뒤 에이전트 자격을 갖게 하는 방법을 더 선호한다. 객관적이고 공정한 시스템으로 에이전트 자격을 부여하면 뒷말이 없다. 예를 들어 선수협에서 에이전트를 뽑게 되면 명확한 기준이 뭐냐는 뒷말이 나올 것이다. 스포츠 에이전트 대부분이 스포츠 마케터인데 시험이라는 잣대로 자격 여부를 판단하기에는 다소 무리가 있다. 은퇴 선수도 에이전트 분야를 더 공부해야 하고 확실한 검증이 되어야 하지만, 개인적인 인적 네트워크(선수와의 관계 등)를 무시할 수는 없다. 무조건 프로 경력이 있다고 되는 것이 아니라 여러 가지 업무와 재정 능력을 갖추었는지 잘 판단해야 한다.

(선수협 관계자)

선수 입장을 대변해 선수들이 자신의 가치만큼 인정받고 그에 걸맞은 연봉을 받게 해주는, 구단의 눈치를 보지 않는 에이전트가 절실하다. 대부분의 에이전트는 구단과의 긴밀한 거래를 통해 뒷돈을 챙기고 선수의 연봉을 낮게 측정해 계약하게 하고 있으며 수수료를 받기 위해 여러 팀에 이적하게 만든다. 선수들이 알지 못하는 부분을 이용해 수익을 올리려는 에이전트를 잘 가려내야 한다.

(현 프로 축구 선수)

에이전트 제도가 성공적으로 도입되려면 믿을 만한 사람인지 보증해주는 증명 제도가 필요하다. 믿을 수 있는 사람인가를 판단하는 것이 에이전트 제도에서 가장 중요한 일이라고 생각한다.

(현 프로 야구 선수)

현직 프로 야구 선수는 "제도가 성공적으로 도입되려면 믿을 만한 사람인지 보증해주는 정식 증명 제도가 필요하다. 믿을 수 있는 사람인지를 판단하는 것이 에이전트 제도에서 가장 중요한 일이라고 생각한다"고 말했다. 또 다른 프로 야구단 관계자는 "축구에는 국제 표준인 FIFA 룰이 있지만 야구에는 에이전트에 관한 표준이 없기 때문에 자격을 부여하기 위한 믿을 만한 제도가 필요하다"는 의견을 내놓았다. 한 프로 농구 선수는 "작년에 안 좋은 사건에 휘말린 적이 있는데, 그때 '운동을 그만둘까?' 하는 생각을 많이 했다. 당시 구단뿐만 아니라 그 어느 누구에게도 도움을 받을 수 없었기 때문이다"고 말하면서 에이전트의 법적 지식에 대한 기대를 내비쳤다. 에이전트 제도가 도입되면 당장 구단에서는 불편을 호소할 것이다. 예를 들면 선수 대부분은 협회 규정에 따라 에이전트를 대동하지 않고 선수가 직접 구단 관계자들을 만나 연봉 협상을 해왔지만, 에이전트라는 제3자의 개입으로 그 과정이 복잡하고 불편해질 것이기 때문이다.

한국의 스포츠 산업은 외형적으로 성장했지만 제도적인 성숙에 이르기에는 아직 갈 길이 멀다. 2016년 한국 프로 야구는 역사상 처음으로 누적 관중 800만 명을 넘어서며 최고의 전성기를 맞았지만, 대내외적으로 잊을 만하면 터지는 승부 조작 같은 대형 사건으로 풍파를 겪고 있다. 외형적 성장에만 치우치면 한국의 스포츠 산업이 발전할 것이라고 기약할 수 없다. 앞으로 한 단계 도약하기 위해서는 제도적 성숙과 절차적 세련미가 필요하다.

이 책을 통해 그동안 쉽게 밖으로 꺼내놓고 말하기 껄끄러웠던 '스포츠 에이전트 제도의 도입'에 대해 과감히 논의해 서로 입장이 상반된 이해 관계자 사이에 존재하는 에이전트 제도에 대한 오해를 풀도록 돕고자 했다. 스포츠 에이전트 제도의 성공적인 도입은 중요한 갈림길에 서 있는 한국 스포츠 산업의 품격을 한층 높이기 위한 선진적, 제도적 장치라는 사실은 분명하다. 앞으로 에이전트 제도를 어떻게 한국 상황에 맞게 도입하고 운영할 것인가에 대해 진지한 논의해야 한다.

부록

• 올림픽 종목 주요 선수 CF 촬영 현황

선수(종목)	광고	기간	총
박태환(수영)	삼성 TV(공중파, 바이럴)	2014	16
	삼성 스마트폰(공중파, 가상광고)	2014	
	신신파스 아렉스(공중파)	2014	
	애드빌(공중파)	2014	
	CJ 햇반(공중파, 케이블)	2011~2012	
	FIFA(공중파, 인터넷)	2012	
	삼성생명(공중파, 인터넷)	2011~2012	
	삼성 노트북(공중파)	2012	
	삼성카드(케이블)	2011~2012	
	LG 휘센(공중파, 케이블)	2011	
	기아자동차(공중파)	2010	
	우유자조금(공중파)	2009	
	SK텔레콤(공중파)	2007~2010	
	KB국민은행(공중파)	2008	
	블루마린(케이블)	2008	
	프로비아(공중파)	2009	
김연아 (피겨스케이팅)	KB금융그룹(공중파, 케이블, 인터넷)	2007~2016	27
	제이에스티나(공중파)	2016	
	삼성 에어컨(공중파, 인터넷, 바이럴)	2009~2016	
	잇츠스킨(공중파, 사보광고, 극장)	2016	
	맥심(공중파)	2012~2016	
	LG생활건강(공중파, 사보광고, 바이럴)	2007~2015	
	국민주택기금(공중파)	2014	
	SK텔레콤(공중파, 케이블)	2014	
	E1(공중파)	2012~2014	
	포스트 라이트업(케이블)	2013~2014	
	상성 TV(공중파, 바이럴)	2014	
	삼성 제습기(공중파)	2014	
	프로스펙스(바이럴)	2012~2014	
	삼성 스마트폰(공중파, 가상광고)	2009~2014	
	매일우유ESL(공중파)	2008~2013	
	하이트(공중파)	2012	
	퓨어(공중파)	2012	
	현대자동차(공중파)	2009~2011	
	홈플러스(공중파)	2010	
	나이키(공중파)	2010	
	아이비클럽(공중파)	2008	
	위스퍼(공중파)	2008	
	디오스(공중파)	2008	
	롯데 스크류바(공중파)	2008	
	스포츠토토(케이블, 인터넷)	2008	
	현대카드(공중파)	2007	
	아이시스(케이블)	2007	

	KB손해보험(공중파)	2016	
	노스페이스 쿨기어(인터넷)	2016	
	KB매직카다이렉트(케이블)	2016	
	노스페이스 VX(공중파)	2015	
	메이킨Q(공중파)	2015	
	KB금융그룹(공중파)	2014	
	LG유플러스(공중파, 가상광고)	2014	
	미스터피자(공중파, 케이블)	2014	
손연재(리듬체조)	오션월드(공중파)	2014	18
	LG 휘센(공중파)	2011~2014	
	썬키스트 브이 밸런스(공중파, 케이블)	2014	
	FILA S-wave(공중파, 케이블)	2014	
	FILA 테라다운자켓(공중파)	2013	
	스위첸(공중파)	2011~2013	
	썬키스트 레몬에이드(공중파)	2013	
	위스퍼(케이블)	2011~2012	
	썬키스트 훼미리(공중파)	2012	
	LG 옵티머스(공중파, 인터넷)	2012	
양학선(기계체조)	아반떼(공중파)	2012	1

• 동계 올림픽(빙상) 선수 CF 촬영 현황

선수(종목)	광고	기간	총
이상화(스피드스케이팅)	삼성전자 아카데미(케이블) 기아자동차(공중파, 바이럴) 비자카드(가상광고) 삼성 커브드 UHD TV(공중파) 게토레이(공중파, 바이럴)	2011 2013~2014 2014 2014 2014	5
이승훈(스피드스케이팅)	삼성전자 아카데미(케이블)	2011	1

• 종목별(올림픽 종목 포함) 등록 선수

종목	초등부			중학부			고등부			대학부			총계
	남	여	계	남	여	계	남	여	계	남	여	계	
골프	185	170	355	381	343	724	720	417	1,137	193	82	275	2,491
근대5종	17	6	23	87	31	118	105	57	162	27	7	34	337
농구	367	283	650	469	223	692	370	154	524	284	97	381	2,247

종목												
럭비	–	–	–	409	–	409	426	–	426	277	1	278	1,113
레슬링	–	–	–	677	31	708	439	95	534	210	32	242	1,484
배구	436	305	741	343	217	560	326	185	511	245	56	301	2,113
배드민턴	429	292	721	292	199	491	230	157	387	133	102	235	1,834
복싱	–	–	–	389	1	390	363	23	386	110	16	126	902
사격	25	13	38	446	412	858	384	338	722	194	109	303	1,921
사이클	1	–	1	177	66	243	237	73	310	43	9	52	606
수영	803	607	1,410	522	401	923	400	203	603	120	55	175	3,111
승마	25	26	51	40	31	71	53	23	76	74	28	102	300
양궁	333	323	656	212	202	414	131	130	261	64	63	127	1,458
역도	–	–	–	303	160	463	248	110	358	66	22	88	909
요트	31	7	38	53	17	70	67	18	85	31	10	41	234
유도	470	100	570	695	298	993	669	206	875	261	134	395	2,833
육상	1,176	827	2,003	986	609	1,595	846	398	1,244	277	153	430	5,272
조정	–	–	–	35	29	64	117	61	178	151	41	192	434
체조	136	222	358	102	128	230	81	96	177	73	47	120	885
축구	3,313	327	3,640	5,197	493	5,690	4,371	382	4,753	2,713	212	2,925	17,008
카누	–	–	–	108	46	154	142	46	188	76	22	98	440
탁구	327	377	704	150	123	273	122	124	246	78	90	168	1,391
태권도	1,377	492	1,869	2,238	827	3,065	2,740	867	3,607	1,609	602	2,211	10,752
테니스	336	267	603	212	148	360	180	96	276	119	78	197	1,436
검도	91	15	106	414	34	448	388	45	433	337	29	366	1,353
공수도	18	3	21	43	12	55	57	17	74	19	10	29	179
궁도	–	–	–	–	–	–	55	34	89	–	–	–	89
당구	3	1	4	7	7	14	38	9	47	–	–	–	65
댄스스포츠	7	26	33	23	45	68	65	100	165	23	22	45	311
롤러	280	114	394	120	77	197	90	53	143	26	10	36	770
루지	–	–	–	–	–	–	–	–	–	6	1	7	7
빙상	159	367	526	108	224	332	90	120	210	58	33	91	1,159

바둑	235	70	305	154	59	213	90	24	114	13	2	15	647
바이애슬론	34	30	64	17	15	32	19	17	36	7	1	8	140
보디빌딩	–	–	–	–	–	–	173	–	173	135	10	145	318
볼링	38	16	54	205	139	344	227	148	375	128	87	215	988
봅슬레이	–	–	–	1	1	2	14	1	15	8	1	9	26
사격	25	13	38	446	412	858	384	338	722	194	109	303	1,921
스키	43	21	64	37	19	56	68	30	98	52	18	70	288
산악	37	42	79	35	27	62	133	50	183	43	19	62	386
세팍타크로	–	–	–	21	–	21	80	29	109	35	8	43	173
소프트볼	–	–	–	–	133	133	–	126	126	–	104	104	363
웨이크보드	7	3	10	8	6	14	30	20	50	18	8	26	100
수중핀수영	1	–	1	21	21	42	91	53	144	48	19	67	254
스쿼시	14	10	24	28	8	36	67	37	104	44	15	59	223
아이스하키	1,330	178	1,508	329	18	347	131	–	131	117	–	117	2,103
에어로빅	54	357	411	18	103	121	20	43	63	73	103	176	771
오리엔티어링	–	–	–	–	–	–	4	–	4	–	–	–	4
정구	406	264	670	190	141	331	135	107	242	95	16	111	1,354
체조	136	222	358	102	128	230	81	96	177	73	47	120	885
카누	–	–	–	106	48	154	142	46	188	76	22	98	440
카바디	–	–	–	–	–	–	25	–	25	44	20	64	89
컬링	36	34	70	30	37	67	68	49	117	11	13	24	278
킥복싱	14	–	14	11	2	13	17	2	19	7	–	7	53
트라이애슬론	1	–	1	38	22	60	9	9	18	4	1	5	84
펜싱	–	–	–	325	294	619	297	229	526	113	72	185	1,330
하키	–	–	–	276	248	524	267	211	478	144	114	258	1,260
핸드볼	333	288	621	263	225	488	189	188	377	317	183	500	1,986
씨름	515	–	515	439	–	439	295	–	295	202	–	202	1,451

• 스포츠 에이전시 업무 영역

업체	업무 영역	계약 종목과 선수 수	대표 선수
갤럭시아 SM	1) 미디어 사업 　－국제 스포츠 이벤트 유치와 운영, 마케팅 프로그램 2) 스포츠 마케팅 　－스포츠 마케팅 전략 수립과 실행 　－스포츠 문화 이벤트 기획과 운영 　－매니지먼트, 육성 시스템 운영(계약, 법률, 회계, 경 　　기력 향상 프로그램 지원, 마케팅, 홍보, 경력 관리) 3) 커뮤니케이션 산업 　－기업 광고, 각종 프로모션과 이벤트 진행 4) 스포츠 시설 운영과 개발 5) 모바일 영상 제작, 채널 운영, 판매	6종목 30명	추신수(야구) 박인비(골프) 손연재(리듬체조) 심석희(쇼트트랙)
스포티즌	1) 마케팅, 컨설팅 서비스 　－마케팅, 디자인 수립, 컨설팅 　－스포츠 자산 운영 　－PR과 이벤트 기획 　－스폰서십 분석과 평가 2) 자산 기반 서비스 　－스포츠 자산 개발과 권리 구매, 위임 　－스포츠 시설 운영 3) 선수 매니지먼트 　－선수 마케팅 　－스폰서십 기획 　－선수 이적과 스카우트 　－경기력 지원	4종목 12명	임윤택(축구) 김호준(스노보드) 임용규(테니스) 장선재(사이클)
세마스포츠 마케팅	1) 스포츠 이벤트 　－스포츠 이벤트 유치와 운영 2) 마케팅 에이전시 　－기업 스폰서십 기획과 운영 3)선수 매니지먼트 　－유망 선수 관리 　－PR 관리와 스폰서 유치	4종목 11명	박세리(골프) 최나연(골프) 신지애(골프)
퍼슨즈	1) 스포츠 컨설팅 　－다양한 광고주의 마케팅 타깃에 따른 컨설팅 서비스 2) 스포츠 이벤트 　－관람 중심 국내외 프로 대회 운영 　－아마추어 대회 운영 3) 스포츠 호스피털리티 　－기업의 특성에 맞는 호스피털리티 프로그램 운영 4) 선수, 팀 매니지먼트 　－내외부 마케팅 시스템	1종목 1명	신다혜 (알파인스노보드)

브리온컴 퍼니	1) 선수 관련 업무 대행 　－선수 잠재 가치 극대화 2) 이벤트 매니지먼트 　－스포츠 이벤트 기획과 운영 3) 스포츠 PR 　－다양한 PR 플랫폼 활용을 통한 커뮤니케이션 4) 스포츠 상품 매니지먼트 　－커뮤니케이션 전략과 마케팅 수립 　－스포츠 브랜드 런칭, 프로모션, 홍보 수행 5) 스폰서십 　－기업 스폰서십 업무 진행	4종목 12명	이상화 (스피드스케이팅) 정근우(야구)
NTX인터 내셔널	1) 스포츠 에이전트 　－선수 기록 자체 관리 　－해외 스카우터, 에이전시와의 인프라 마련 　－스폰서십, 자산 관리, 법률 지원 등 여건 마련 2) 스포츠 마케팅 　－스포츠 이벤트, BTL 프로모션 등 기획 　－새로운 브랜드 개발과 기획, 제조, 유통 3) 스포츠 머천다이징 　－4대 프로 스포츠 구단 머천다이징	2종목 4명	신수지(볼링) 노경은(야구)

• 개인 단위 스포츠 에이전트 업무 영역과 역량

에이전트	업무 영역과 역량
장달영 변호사 (법무법인 에이펙스)	－연봉 협상 －광고 계약 －다른 구단으로의 이적 등 관련 업무 처리
서동규 에이전트 (비스스포츠)	－스포츠 에이전트 　· 연봉과 계약 조건 협상(데이터 기반의 경기력 입증) 　· 인도스먼트와 마케팅(부수적인 요소로, 선수를 보는 눈에 집중) 　· 법률 자문 서비스(계약법, 민법 등에 대한 이해) 　· 의료 지원 서비스 　· 재무 서비스 　· 은퇴 후 진로 자문 서비스 　· 기타 전문가 지원 서비스 －스포츠 이벤트, 스폰서십

• 국내 프로 골프 소속 선수 후원 현황과 골프 마케팅 활동

업종	기업	선수 명단		
		남(KPGA)	여(KLPGA)	계
제조업	JDX멀티스포츠	6	3	9
	볼빅	2	5	7
	캘러웨이	7	0	7
	휴셈	6	0	6
	핑	3	1	4
	타이틀리스트	4	0	4
	하이트진로	2	2	4
	브리지스톤	3	0	3
	냅스	1	2	3
	테일러메이드	3	0	3
	파인테크닉스	0	3	3
	현대제철	2	0	2
	바이네르	1	1	2
	파리게이츠	1	1	2
	코웰	2	0	2
	금성침대	0	2	2
	나이키	1	0	1
	동아제약	1	0	1
	테나후	1	0	1
	히로아키골프	1	0	1
	혼마	1	0	1
	매직캔	1	0	1
	CTC바이오	1	0	1
	동아쏘시오	1	0	1
	한국석유	1	0	1
	휴스토니	1	0	1
	보성환경이엔텍	1	0	1
	SRIXON	1	0	1
	SUNWOO PHARM	1	0	1
	LG(LG전자, LG생활건강)	0	1	1

	골든블루	0	1	1
	비바하트	0	1	1
	청호나이스	0	1	1
	플레이보이골프	0	1	1
	이동수스포츠	0	1	1
	진로재팬	0	1	1
	PNS창호	0	1	1
	넥센세인트나인	0	1	1
금융, 보험업	NH투자증권	1	4	5
	BC카드	0	5	5
	신한금융그룹	4	0	4
	한화(한화생명, 한화손해보험)	0	3	3
	BNK금융그룹	0	3	3
	KB금융그룹	0	2	2
	OK저축은행	1	0	1
	넥스젠파트너스그룹	1	0	1
	ABC라이프	1	0	1
	SBI저축은행	0	1	1
	미래에셋	0	1	1
	하나금융그룹	0	1	1
건설업	문영그룹	0	5	5
	요진건설산업	0	3	3
	호반건설	0	3	3
	대방건설	0	3	3
	삼우건설	0	1	1
	대원플러스건설	0	1	1
	이월드건설	0	1	1
도소매업	롯데(롯데하이마트)	0	7	7
	CJ오쇼핑	3	2	5
	토니모리	0	3	3
	원글라스와인	1	0	1
	폴스부띠끄	0	1	1

숙박, 음식점업	비스타케이호텔그룹	2	0	2
	하이원리조트	0	2	2
	해운대비치골드앤리조트	0	1	1
	지산리조트	1	0	1
	교촌F&B	0	1	1
예술, 스포츠, 여가 관련 서비스업	SG골프	0	3	3
	위드인홀딩스	0	1	1
	베니스랜드	0	1	1
출판, 영상, 방송 통신, 정보 서비스업	SK텔레콤	2	0	2
	Tel Golf	1	0	1
	텔코웨어	0	1	1
전문, 과학, 기술 서비스업	AB&I재무	1	3	4
	위드인인베스트먼트	0	1	1
가스 사업	삼천리	0	3	3
부동산, 임대업	동아회원권	0	2	2
개인 서비스업	박승철헤어스튜디오	1	0	1
보건 사회복지 서비스 업	다보스병원	1	0	1
사업 지원 서비스업	참좋은여행	0	1	1
운수업	CJ대한통운	0	1	1
기타	후쿠즈미	1	0	1
	마르디엔씨	1	0	1
	다누	1	0	1
합계		80	100	180

주

1) 『2015 스포츠 산업 백서』(문화체육관광부, 2015).

2) 『한국형 에이전트 제도 도입방안』(한국스포츠개발원, 2016), 278쪽.

3) 김은경 · 정광윤, 「프로 선수의 법적 지위의 제고에 대한 연구」, 『스포츠 엔터테인먼트 법학회』18(4), 2015년, 237~254쪽.

4) 성환희, 「스토브리그 마지막 '전의 전쟁' 연봉 협상」, 『한국일보』, 2014년 12월 7일.

5) 「연봉조정위원회 결과」, 한국야구위원회, 2002년 1월 30일.

6) 김가을, 「곽명우 사례로 본 국내 프로 스포츠 연봉 조정과 결과」, 『스포츠조선』, 2016년 7월 20일.

7) 「OK저축은행 곽명우 선수 연봉 조정 신청에 대한 상벌위원회 개최 결과」, 한국배구연맹, 2016년 7월 21일.

8) 「New Regulations on Working with Intermediaries」, FIFA, April 30, 2014.

9) 김은경 · 정광윤, 앞의 글.

10) 유병민, 「계약서, 왜 감독 · 코치는 주고 선수는 안 주게 돼 있나」, 『일간스포츠』, 2016년 4월 8일.

11) Paul Harber, 「Earl Wilson, 70; first black to pitch for Sox」, 『The Boston Globe』, April 26, 2005.

12) Frank Litsky, 「Mark H. McCormack, 72, Pioneer of Sports Marketing」, 『The New York Times』, May 17, 2003.

13) 개인적으로 친분 있는 캐머런 포스터가 미국 곤자가 대학에서 특강했을 때 나누었던 인터뷰에 따름.

14) Pablo S. Torre, 「How (and Why) Athletes Go Broke」, 『Sports Illustrated Vault』, March 23, 2009.

15) Daniel Roberts, 「16% of retired NFL players go bankrupt, a report says」, 『Fortune』, April 15, 2015.

16) Tim Reynolds, 「The men who followed Rodman to North Korea」, 『The Associated Press』, January 7, 2014.

17) Robert H. Ruxin, 『An Athlete's Guide to Agents』(Jones and Bartlett, 2004).

18) Andrew Brandt, 「An agent's life isn't all glamour」, 『ESPN』, November 27, 2012.

19) Andrew Brandt, 「Football's Other Recruiting」, 『MMQB』, December 19, 2013.

20) Jason Belzer, 「The World's Most Valuable Sports Agencies 2015」, 『Forbes』, September 23, 2015.

21) Mike Ozanian, 「How Scott Boras Became The World's Most Powerful Sports Agent」, 『Forbes』, July 29, 2015.

22) 「2015 Highest-Earning Sports Agents」, 『Forbes』(http://www.forbes. com/sports-agents/list).

23) 『포브스』 홈페이지(http://www.forbes.com).

24) Jason Belzer, 앞의 글.

25) 「2016 KBO 소속선수 현황 발표」, 한국야구위원회, 2016년 2월 11일.

26) 「2015년 K리그 구단별 연봉 현황」, 대한축구협회, 2015년 12월 24일.

27) 「2016~2017 시즌 1차 선수 등록 마감」, 한국배구연맹, 2016년 7월 1일.

28) 「2016~2017 시즌 프로 농구 선수 등록 마감 결과 안내」, 한국농구연맹, 2016년 6월 30일.

29) 「'연봉 퀸' 하나외환 김정은…23명 억대 연봉」, 한국여자농구연맹, 2015년 6월 1일.

30) 「삼성생명, 외국인 드래프트 전체 1순위 토마스 지명」, 한국여자농구연맹, 2016년 7월 11일.

31) 「WKBL, 외국인 선수 재계약 제도 실행」, 한국여자농구연맹, 2016년 5월 2일.

32) 「2016 남자부 외국인 선수 트라이아웃 실시 확정」, 한국배구연맹, 2016년 2월 23일.

33) 「2016 여자부 외국인 선수 트라이아웃 실시」, 한국배구연맹, 2016년 2월 4일.

34) 「KBO 규약」, 한국야구위원회.

35) 「K리그 규정」, 한국프로축구연맹.

36) 「2015~2016 시즌 신인 선수 제도」, 한국배구연맹.

37) 「경제활동 인구조사」통계청, 2015년.

38) 「고용 형태별 근로 실태 조사」, 고용노동부, 2015년.

39) 「2015 KBO 소속선수 등록 현황 발표」, 한국야구위원회, 2015년 2월 12일.

40) 「소비자 물가 조사」, 통계청, 2015년.

41) 『한국형 에이전트 제도 도입방안』(한국스포츠개발원, 2016), 127쪽.

42) 정호윤 · 이상훈, 「프로 야구, 가치를 재발견하다」, 유진투자증권, 2015년 4월 1일.

43) 민창기, 「테마기획, 60억 프로 야구 타이틀 스폰서 효과는 1,000억 원대」, 『스포츠조선』, 2015년 2월 10일.

44) 정호윤 · 이상훈, 앞의 글; 최형창, 「브랜드 파워 높이고 이미지 개선, 기업 홍보 효과 '홈런'」, 『세계일보』, 2015년 3월 28일.

45) 박수익, 「야구의 경제학(10), 자주포 만드는 회사가 야구장 광고를?」, 『이데일리』, 2016년 6월 6일.

46) 전자공시시스템(http://dart.fss.co.kr).

47) ADCream 홈페이지(http://www.tvcf.co.kr).

48) Ben Fischer, 「Octagon's athletes shine in Rio」, 『SportsBusiness Journal』, August 29, 2016.

49) 리우 올림픽 공식 사이트(https://www.rio2016.com).

50) Jeff Fox, 「UFC Fight Night: Henderson vs Masvidal Fighter Salaries, Reebok $, Attendance & Gate」, 『The Sports Daily』, November 29, 2015.

51) ADcream 홈페이지(http://www.tvcf.co.kr/).

52) 『체육 백서』(문화체육관광부, 2014).

53) 「2016 시즌 KBO 전체 선수 등록 현황」, 대한야구협회, 2016년 6월 27일.

54) 「K3리그 소개 및 현황 보고」, 대한축구협회, 2016년 6월.

55) 「U리그 소개 및 현황보고」, 대한축구협회, 2016년 6월 5일.

56) 「2015 K리그 신인 선수 선발 드래프트」, K리그 공식 블로그, 2014년 12월 10일(http://blog.naver.com/ withkleague/220205954904).

57) 김동욱, 「2016 프로 농구 신인 드래프트 선수 지명 순위」, 『노컷뉴스』, 2016년 6월 9일.

58) 「2016년 신인 선수 등록 현황」, 『KPGA 2016 Mediabook』, 2016년.

59) 『체육 백서』(문화체육관광부, 2014).

60) 『체육 백서』(문화체육관광부, 2014).

61) 한국프로골프협회 홈페이지(http://www.koreapga.com).

62) 한국여자프로골프협회 홈페이지(http://www.klpga.co.kr).

63) 한국프로골프투어 일정(http://www.kgt.co.kr/tournaments/scheduleList.aspx?tour=korean&tour_ code=11&sYear=2015).

64) 2015년 PGA 상금 순위(http://www.pgatour.com/stats/stat.109.2015.html).

65) 2015년 KPGA 상금 순위(http://kgt.co.kr/stats/leaders_item_all.aspx?tour_cd=11&year=2015&item=64).

66) 2016년 KLPGA 투어 일정(https://klpga.co.kr/web/tour/tourList.do).

67) 2015년 KLPGA 상금 순위(https://klpga.co.kr/web/record/point.do?p_year=2015&p_kind=RE&type=P1).

68) 「A guide to understanding the structure of PGA Membership and PGA Member Education」, PGA, 2016(http:// www.pga.info/media/69005/16industryguidelinesweb1204.pdf); 「About LPGA」, LPGA, 2016(http://www.lpga. com/about-lpga).

69) 2015년 KPGA 상금 순위(http://kgt.co.kr/stats/leaders_item_all.aspx?tour_cd=11&year=2015&item=64); 2015년 KLPGA 상금 순위(https://klpga.co.kr/web/record/point.do?p_year=2015&p_kind=RE&type=P1).

70) 유정우, 「2조 국내시장 넘어 '글로벌 스포테인먼트' 공략」, 『한국경제』, 2015년 12월 2일.

71) 갤럭시아SM 홈페이지(http://galaxiasme.com).

72) 스포티즌 홈페이지(http://www.sportizen.co.kr).

73) 세마스포츠 마케팅 홈페이지(http://www.semasm.com).

74) 하남직, 「트랙맨으로 연봉 근거 제시…변호사들, 야구 에이전트로」, 『연합뉴스』, 2016년 6월 9일.

75) 브리온컴퍼니 홈페이지(http://www.brion.co.kr).

76) NXT 인터내셔널 홈페이지(http://www.nxtint.co.kr).

77) 대한축구협회 중개인 등록 현황(http://www.kfa.or.kr/info/player_agent.asp).

78) 국제농구연맹 에이전트 · 에이전시 검색(http://www.fiba.com/agents).

79) 이정진, 「정선민, 첫해 연봉 3만7천 달러에 3년 계약」, 『연합뉴스』, 2003년 5월 4일.

80) 「2016 에이전트 등록 현황」, 대한배구협회, 2016년 2월 22일.

81) 박태훈, 「일 프로 야구 평균연봉 3억 8,000만 원…한국의 3배」, 『세계일보』, 2016년 4월 26일.

82) 2016년 J1리그 선수 연봉(http://www.soccer-money.net/players/in_players.php).

83) 이규호, 『엔터테인먼트법의 최신 쟁점』(진원사, 2011), 201~213쪽.

84) 야마자키 타쿠야 · 이시와타리 신스케, 「대리인 교섭제도 도입의 경우, 실시 상황과 앞으로의 과제」, 『자유와 정의』 52, 103쪽.

85) David L. Snyder, 「Automatic Outs : Salary Arbitration in Nippon Professional Baseball」, 『Marquette Sports Law Review』(2009), 20(4), 88쪽.

86) 이규호, 앞의 책.

87) David L. Snyder, 앞의 글, 85쪽.

88) Kenneth L. Shropshire, 「Baseball Salary Arbitration in Japan」, 『9 ENT. & Sports Law』(1992), pp.17~18.

89) 이규호, 앞의 책, 201~213쪽.

90) 이규호, 앞의 책.

91) 메이저리그 에이전트 규정(http://mlbplayers.mlb.com/pa/info/agent_regulations.jsp).

92) NHL 선수 협회가 공인한 에이전트(http://www.nhlpa.com/inside-nhlpa/certified-player-agents).

93) NFL 선수 협회의 에이전트 소개(https://www.nflpa.com/agents).

94) NBA 선수 협회의 에이전트 소개(http://nbpa.com/agents/).

95) NFL 선수 협회의 에이전트가 되는 법 소개(https://www.nflpa.com/agents/how-to-become-an-agent).

96) 「2011가합15243 판결」, 서울중앙지방법원.

97) 임주영, 「박지성 계약 위반 9억 원대 소송 휘말려」, 「한겨레」, 2006년 10월 17일.

98) 양영권, 「김두현, 에이전트 보수 '미지급' 피소」, 「뉴시스」, 2007년 1월 8일.

99) 김태종, 「김연아 이중계약 소송 국내 에이전트 승소」, 「연합뉴스」, 2008년 5월 30일.

100) 이재동, 「계약 위반 축구대표 백성동 에이전트에 3,000만 원 배상」, 「문화일보」, 2012년 9월 19일.

101) 「2013다61961 판결」, 대법원.

102) 이상호, 「외국 프로팀 입단 사기 에이전트 대표 집유」, 「사건in」, 2012년 2월 20일.

103) 「2010노144」, 대구고등법원.

104) 이장호, 「이메일로 주고받은 사본 합의서도 효력 있어」, 「법률신문」, 2015년 7월 10일.

105) 신효진, 「8,000여 만 원 편취, 축구 에이전트 구속」, 「강원신문」, 2012년 9월 20일.

106) 윤현석, 「무단이탈 이천수 전남에 2,000만 원 배상하라」, 「광주일보」, 2012년 6월 18일.

107) 임재훈, 「첼시 리, 혈통·신분 위조 판명…희대의 사기극에 놀아난 한국 여자 농구」, 「미디어스」, 2016년 6월 15일.

108) 남장현, 「K리거 출신들 태국 진출 러시 긴급진단」, 「일요신문」, 2013년 2월 12일.

109) 김태룡, 「한국 선수의 동남아 진출, 그 명과 암」, 「축구저널」, 2015년 9월 5일.

110) 이성철, 「'3년 정지' 용병 에이전트, KBL에 버젓이 활동」, 「SBS」, 2012년 6월 12일.

111) 구길용, 「광주 FC 무자격 에이전트 계약 논란」, 「뉴시스」, 2013년 1월 8일.

112) 정희완, 「'J리그에 입단시켜주겠다' 무자격 축구 에이전트」, 「경향신문」, 2011년 9월 21일.

113) Andrew Goodman, 「What Athletes Can Learn From Tim Duncan's Alleged $20M Financial Loss」, 「Forbes」, November 11, 2015.

114) Dashiell Bennett, 「Sports Agents Should Not Be Gambling On Their Own Clients(But They Definitely Are)」, 「Business Insider」, October. 20, 2010.

115) Rand Getlin, 「Terrell Owens suing former agent Drew Rosenhaus」, 「Yahoo! Sports」, August 23, 2013.

116) Darren Heitner, 「Octagon Football Sued By Former Agent As Another Football Agent Departs From Company」, 「Forbes」, May 29, 2014.

117) Liz Mullen, 「Wasserman picks up two young NBAers for representation」, 「Sports Business Journal」, September 5, 2016.

118) Erin Summers, 「Sports agent's lawsuit against former UNC football players Quinn, Austin dismissed」, 「WRAL Sports Fan」, July 15, 2015.

119) 김동찬, 「KBO 양해영 사무총장 "에이전트 제도 이르면 내년 도입"」, 「연합뉴스」, 2016년 9월 29일.

120) 「한국형 에이전트 제도 도입방안」,(한국스포츠개발원, 2016), 150쪽.

121) Mike Ozanian, 「Manning Lawsuit Could Rattle $1.5 Billion Sports Memorabilia Business」, 「Forbes」, 2014년 1월 30일.